गल्ले की दुकान

गल्ले की दुकान

विश्रान्त वसिष्ठ

आकांक्षा पब्लिशिंग हाउस

नई दिल्ली • गुवाहाटी • विशाखापट्नम

आकांक्षा पब्लिशिंग हाउस

4649-बी/21, अंसारी रोड
दरियागंज, नयी दिल्ली - 110 002
Ph.: 23263193 / 9811582579 / 09435116718
Fax: 011-23263193
Email: ektabooks@yahoo.com
www.akanshapublishinghouse.com

गल्ले की दुकान

प्रथम प्रकाशन : 2016
ISBN 978-81-8370-450-2

GALLE KI DUKAN
(A Collection of Stories)

आकांक्षा पब्लिशिंग हाउस, नई दिल्ली द्वारा प्रकाशित एवं मुद्रित।

अनुक्रमणिका

प्राक्कथन

हिन्दी कहानी आज कथ्यगत और शिल्प-विषयक अनेक प्रकार के अन्दोलनों के माध्यम से अनेक प्रकार की भूमिकाएँ और तेवर बदलती हुई एक समृद्ध और सशक्त सामाजिक संचेतना से युक्त विधा के रूप में हमारे सामने है। समकालीन हिन्दी कहानीकारों को सहज रूप से दो श्रेणियों में रखा जा सकता है कहानी के किसी भी आन्दोलन से प्रतिबद्ध लेखक तथा किसी भी प्रकार के आन्दोलन से असम्बद्ध लेखक, जो प्रेमचन्द की तरह अपने देश, उसकी संस्कृति और समाज के लिए ही प्रतिबद्ध हैं। ऐसे ही कथाकारों की श्रेणी में विश्रान्त वसिष्ठ का नाम लिया जा सकता है। 'गल्ले की दुकान' शीर्षक कथा-संग्रह में विश्रान्त की बीस प्रतिनिधि कहानियां संकलित हैं।

इन कहानियों में लेखक ने कथ्य और शिल्पगत वैचित्र्य के चक्कर में पड़ना उतना उचित नहीं समझा, जितना उसने अपने आस-पास की सहज-सलोनी और ऊबड़-खाबड़ जिन्दगी को तद्‌वत् रूपायित करने को जरूरी समझा। उसने मुजफ्फरनगर जनपद के लोक-जीवन की मूल और प्रकृत संवेदना को अपने पाठकों के सामने ज्यों का त्यों प्रस्तुत करने के कठिन काम का बीड़ा उठाया है। वातानुकूलित भवनों में रहकर चैन की बांसुरी बजाते हुए महानगरीय बोध से आक्रान्त हो उठने की प्रतिक्रिया में ग्रामांचलों की महिमा के गीत अनेक साहित्यिक विधाओं में गाने की पाखण्डी परम्परा का प्रचलन अब पुराना पड़ गया है। गाँवों की खुरदरी जमीन पर रहते हुए उसके दुख-दर्द का, मौज-मस्ती का, सबलता-दुर्बलता का अहसास करने और साहित्य के माध्यम से कराने वाले, साहित्यकारों की नस्ल प्रेमचन्द के बाद पनपने के स्थान पर मिटती ही गयी। विश्रान्त वसिष्ठ साधुवाद और बधाई के पात्र हैं कि वे प्रेमचन्द की जमीन पर खड़े होकर अपने पाठकों के लिए कुछ सम्प्रेष्य लिए हैं।

पश्चिमी उत्तर प्रदेश के प्रसिद्ध मुजफ्फरनगर जनपद के दक्षिणी छोर पर स्थित काँधला-एलम के आस-पास की बोली के स्थानीय शब्द और मुहावरे कभी-कभी दूरस्थ पाठकों के लिए सम्प्रेषण के बाधक बन सकते हैं। लेकिन आज नहीं तो कल, स्थानीय बोलियों के ऐसे कुछ प्रचलित मुहावरों-शब्दों के संकेतार्थ ग्रहण के लिए अब हिन्दी पाठक को स्वयं को तैयार करना होगा। किसी भी साहित्यिक भाषा का मूलाधार वास्तव में उससे सम्बद्ध बोलियाँ ही होती हैं। स्थानीय बोलियाँ साहित्यिक भाषा के लिए 'रॉ मैटीरियल' (कच्चे माल) का काम करती हैं। बोलियों के शब्द ही संस्कार प्राप्त करके टकसाली, परिनिष्ठित स्वरूप प्राप्त करके किसी भाषा को साहित्य के सिंहासन पर अधिष्ठित करते हैं। स्थानीय बोली के बल-बूते पर ही हिन्दी में 'रेणु'-जैसे कथाकार 'मैला आँचल' तथा 'परती-परिकथा'-जैसी महान् कृतियों की सर्जना कर सके हैं। अतः बोलियों की दुर्निवार अभिव्यक्ति-क्षमता असन्दिग्ध है। नगरों, महानगरों की भाषा कृत्रिम और बेजान होती है। उसका साहित्य में उतना महत्त्व नहीं है, जितना लोक-संस्कृति के उद्यान में खिले स्थानिक और देशज शब्दों के रंग-बिरंगे महकते हुए फूलों का। उदाहरण के लिए पीने के सन्दर्भ में 'जल' की अपेक्षा 'पाणी' तो और भी सुस्वादु और रूचिकर है। सारे पश्चिमी उत्तर प्रदेश के देहातों में, पंजाब तथा हरियाणा प्रदेश के सभी लोग 'पाणी' से ही प्यास बुझाते हैं। विश्रान्त वसिष्ठ ने इन्हीं ग्रामीण, देशज और स्थानीय शब्दों का इन कहानियों में उन्मुक्त भाव से प्रयोग किया है। कहने की आवश्यकता नहीं कि लेखक को इस दिशा में उल्लेखनीय सफलता मिली है। विश्वास है कि इन कहानियों के अधिकांश पाठक हमारे इस मत से सहमत होंगे।

-डॉ0 नारायण स्वरूप शर्मा 'सुमित्र'

हिन्दी-विभाग,

दिगम्बर जैन स्नातकोत्तर कॉलेज,

बड़ौत (मेरठ) 250 611

1
गल्ले की दुकान

"लाला जी आप ही मेरे माई बाप हैं, अन्नदाता हैं, परमात्मा हैं, सब कुछ आप ही हैं। मुझ पर नहीं तो मेरे बच्चों पर तरस खाइये। मैं पैसे दे रहा हूँ, पर आप भिकारी समझ कर मेरे पल्ले बीस किलो ही सही आनाज बाँध दें तो मैं आपका अहसान जीवन भर नहीं भूलूँगा। सेठ जी, आपकी भगवान सुनेगा। आपका घर भरेगा। भगवान करेगा कल ही गेहूँ का भाव दो गुना हो जायेगा," युवक राहुल जिसका मैला कुर्ता, फटी धोती जहाँ निर्धनता की सूचक थी, वहीं भाषा, तहजीब तथा कपड़ों पर पड़े काले तेल के दाग उसके शिक्षित तकनीकी होने के प्रमाण थे। गल्ले की एक दुकान पर मालिक से बड़ी दयनीय दशा प्रकट करता हुआ कहे जा रहा था। उसके हाथ पैर काँप रहे थे। आँखों का जल गंगा के निर्मल पानी से भी अधिक चमक लिए छलछला रहा था और सिर के उलझे बाल, जिनमें वर्षों से तेल न लगा था, यमुना की 'खादर' का ध्यान दिलाते थे।

"अरे भई आप जायेंगे या नहीं। मैंने कह दिया न कि गेहूँ समाप्त हो गये हैं, चावल आये ही नहीं, चने एक दो दिन में आयेंगे और कोई आनाज हमारे यहाँ नहीं मिलता" दुकानदार ने, जो पूर्णिमा की चाँदनी से सफेद कपड़े पहने था, जिसका शरीर राहुल जैसे तीन मिस्त्रियों से अधिक बैठता था, बड़े ही मीठे स्वर में राहुल से कहा।

उत्तर सुनते ही राहुल उसके पैरों में लेट गया–"सेठ जी अपने बच्चों को मैं और बिलखते नहीं देख सकता। आप आनाज दे दीजिये चाहे दुगने पैसे ले लीजिये और चाहे तीन गुने। मेरे बच्चे कल सायं से भूखे बैठे हैं। वैसे कारखाने

से प्रतिदिन आना सम्भव नहीं है लेकिन फिर भी अधिक नहीं तो कम से कम आज के लिए तो कुछ..." उसने रिरियाते हुए कहा था।

"अरे भई ऐसी बात थी तो जल्दी आये होते। अब समाप्त हो गया है तो कहाँ से लाऊँ? मैं कोई पैदा तो करने वाला नहीं। दो चार दिन में आ जायेगा ले जाना"–कहते हुए वह व्यक्ति राहुल को वहीं जमीन पर पड़ा छोड़ पीछे हट गया।

राहुल की आँखें त्रिवेणी बन चुकी थी, जिसमें हिमालय से सम्पूर्ण हिम गंगा–यमुना के द्वारा बहा आ रहा था। उसका धैर्य टूट चुका था। चारों ओर की भीड़ से उसे कोई शर्म न थी। दायें हाथ में दस दस के कुछ नोट लिये उसने उस व्यक्ति के पैर पुनः छुए और प्रार्थना प्रारम्भ की, "लाला जी यदि आनाज नहीं दे सकते तो जहर दे दीजिये जिससे कि मैं अपने परिवार समेत सदा के लिए सो तो सकूँ। मैं और मेरे बच्चे भूख और निर्मम समाज के पंजे में पिसते तो न रहें।"

"अरे भई आप जायेंगे या पुलिस बुलानी पड़ेगी। हमने क्या जहर की दुकान खोल रखी है? इतने बच्चे क्यों किये थे? तब नहीं दीखता था कि यह भी दशा हो सकती है? अब आ गये मुँह उठाये, हमें तंग करने "–उसने कहा और फिर एक युवक की ओर संकेत करके–'कालू, इसे धक्के देकर बाहर कर दो। कमीने कपड़े भी धोकर नहीं आते। कितनी बुरी गंध आ रही है। जल्दी करो, निकालो इस नीच को।"

राहुल पुनः उसके पैरों में लेट गया। लेकिन अब की बार उसे दो युवकों ने कंधे से पकड़ कर उठा लिया और धक्के देते हुए बाहर निकाल किवाड़ बन्द कर दिये। पता नहीं क्यों, कुछ कहा नहीं? वह बेचारा अपने आपको कोसता हुआ आगे बढ़ गया। कभी परमात्मा की इस लीला पर लाँछन लगाता हुआ तो कभी 'वोट' लेने के उपरान्त दर्शन न देने वाले नेताओं पर। 'यदि हमारा यह भी अधिकार होता कि हम अयोग्य को वापिस बुला लें तब भी क्या यही होता?' वह सोच रहा था।

मार्ग में कितनी कारें व बसें उसके निकट से निकल गई? कितने ठेले और कितने डिब्बे!

किसी कार में से सेव का आधा टुकड़ा गिरा तो उसने उस पर कुत्तों के

समान तीन बच्चों को झपटते देखा और फिर वृद्धावस्था में प्रवेश करते हुए एक पुरुष (?) ने आकर थप्पड़ का भय दिखा वह सेव का टुकडा स्वयं लेकर खाते हुए अपनी राह ली।

लड़के, सड़क के बायें वाली कपड़े की दुकान के चबूतरे के नीचे बने स्थान में रहते हुए परिवारों के बच्चे, जब आधी-आधी रोटी हाथ में लिये सड़क की ओर बढ़े तो एक कौवे ने झपाटा मारा और एक बच्चा चिल्लाता हुआ रह गया। तभी चबूतरे के नीचे से एक औरत निकली जो शायद उस बच्चे की माँ थी, और बच्चे के 'थोबड़े' पर दो तीन झापड़ जमाती हुई उसे व अपने भाग्य को दो चार सुना अन्दर चली गई।

राहुल घर पहुँचा तो एक झुग्गी, जिसके द्वार पर आधी फटी सिरकी पड़ी थी, की देहली पर बैठी उसकी पत्नी रागिनी उसकी प्रतीक्षा करती मिली। देखते ही पहले तो खिल उठी। लेकिन जब उसकी आँखें खाली कपड़े पर पड़ी तो वह कुछ न कह सकी। उसका खिला हुआ फूल मुरझा गया। इहलीला के समापन की उसने भी विनती कर डाली, लेकिन उसे कहाँ पता कि उनका भगवान भी रिश्वतखोर होता जा रहा है, जो केवल धनवान दे सकते हैं, हाँ मानव भले ही एक-आध सहायक मिल जाये, बस एक-आध, अधिक नहीं।

"क्या बात हुई?" रागिनी ने पूछा।

"कहते हैं खत्म हो गया।" उत्तर राहुल का था।

"मैंने कहा जो था कि देर न कीजियेगा। लेकिन आप सुनते ही किसकी हैं, एक दिन की छुट्टी ले लेते तो क्या..." रागिनी कह रही थी कि तीन वर्षीय बच्ची झुग्गी के अन्दर से, "माँ भूथ लदी है" कहती हुई निकली। उन दोनों ने सुना, लेकिन उत्तर रागिनी ने दिया, "मेरी प्यारी बेटी, आज सो जाओ। कल उठते ही रोटी मिलेगी, मीठी रोटी।"

"अभी दो ना"

"अभी तो आनाज नहीं है।"

"माँ मुझे आनाद नहीं लोती चाहिए।" बच्ची ने कहा तो राहुल ने मुँह फिरा लिया, जैसे अपनी जिम्मेदारी से भी...आँखें पुनः...

कुछ ही समय में छह वर्षीय लड़का भी आ पधारा। अब दोनों बच्चे भोजन

की माँग कर रहे थे। राहुल न देख सका तो बाहर निकल गया। रागिनी ने दो दो थप्पड़ दोनों को जमा दिये। बच्चे ''माँ'' की ही स्मृति में रो उठे और जब अधिक न रो सके तो थकान ने नींद की गोलियों का काम किया।

सड़क पार खड़ा राहुल यह सब देख रहा था।

× × ×

''बड़े दरोगा जी कहाँ हैं? क्या मैं उनसे मिल सकता हूँ?'' रात के बारह बजे राहुल ने थाने में पहुँच ड्यूटी अधिकारी से पूछा तो वह आश्चर्य चकित रह गया। एक कंधे पर बोरी को दाएँ हाथ से पकड़े तथा बाएँ हाथ में हथौड़ा लिये यौवन में भी वृद्ध प्रतीत होता, यह तीस बत्तीस वर्षीय युवक!

''क्यों क्या बात है?'' अधिकारी ने पूछा।

''मुझे उनसे मिलना है।'' राहुल ने बड़ी जल्दी से कहा तो अधिकारी कुछ तो नींद में था और कुछ राहुल का व्यवहार ही ऐसा था कि झुँझलाहट आये बिना न रह सकी। तिस पर की सिवाय पूछताछ कर उत्तर देने के और किया भी क्या जा सकता था। उसने पूछा,''क्या आप उनके रिश्तेदार हैं?''

''वैसे तो नहीं। हाँ मनुष्य होने के नाते कह सकते हैं।'' राहुल कुछ विनम्र हुआ।

''तो फिर इतनी रात में यहाँ क्या अपनी माँ को खसम कराने आये हो?'' अधिकारी ने कहा, तो राहुल ने बोरी फर्श पर पटकते हुए बात शुरू की, ''दरोगा जी, मेरे पास समय बहुत कम है, आप उन्हें तुरन्त बुला भेजिये।''

''उल्लू के पट्ठे समय नहीं था तो क्यों आया? हम क्या बुलाने गये थे। हाँ बात बता क्या है? साहब गश्त से आकर सोये हैं। क्या बात है तुम हड़बड़ा क्यों रहे हो? किसी को कत्ल तो नहीं कर आये?''

राहुल अपने आपको कुछ हल्का सा महसूस कर रहा था। वह कुर्सी पर बैठ गया और बोला, ''यह लो चाबी और मुझे हथकड़ियाँ पहना दो, लेकिन मेरे बच्चों के लिए यह आटा मेरे घर पहुँचा दो।''

''यदि आवश्यकता पड़ी तो हथकड़ियां तो क्या जेल भी मिलेगी लेकिन आप शान्ति से सब कुछ बता क्यों नहीं देते?'' अधिकारी इस बार मुस्कराया। उसका व्यवहार बदला सा लगा तो राहुल ने अपने कुर्ते के पल्ले से मुँह पोंछा।

उसकी आँखें भर आई। ज्यों त्यों करके उसने कहा, ''दरोगा जी मैं सायं के समय गल्ले की दुकान पर आटा लेने गया था। मेरे बच्चे दो दिन से भूखे हैं। काम पर देर हो गई थी इसीलिये वहाँ भी देर से पहुँचा। जब लाला जी ने कहा, 'आटा नहीं है', तो मैंने गेहूँ माँगे, तिस पर उन्होंने कहा सभी कुछ समाप्त हो गया है। लेकिन मैंने देखा अन्दर बोरियां लगीं थीं। बड़ी खुशामद की पर उसके कानों पर जूँ न चली। लाचार होकर मैं लौट आया। अपने बच्चों की दशा देखी तो सहन करना असम्भव हो गया। मैंने हथौड़ा व छैनी लिये। एक ताला भी बोरी के साथ ले लिया और दुकान पर पहुँच गया। ग्यारह बज चुके थे और वहाँ कोई न था। मैंने ताला काट डाला। अन्दर घुसा तो सैंकड़ों बोरियाँ लगी देखीं। सभी तरह के आनाज व गेहूँ का आटा भी प्रतीत हुए। पास में काँटा और बट्टे पड़े थे। मैंने चालीस किलो गेहूँ का आटा तौल कर अपनी बोरी में भर लिया। काँटे में ही दस किलो के बट्टे के नीचे, बावन रुपये, जो कि चालीस किलो आटे का मूल्य बैठता है, रख दिये। फिर मैंने द्वार पर अपना ताला लगा दिया और आटा लेकर अब सीधा यहाँ आ रहा हूँ। यह रही चाबी, हथौड़ा व छैनी। आप मुझे चाहे जहाँ भेजें, चाहे जो करें, आटा मेरे घर भिजवा दें। दरोगा जी, मेरे बच्चे भूखे सो रहे हैं, आप इन जमाखोरों को अच्छी प्रकार जानते हैं। कृपा करके आटा भिजवा दीजिये। यही मेरी प्रार्थना है।'' उसकी आँखे पुनः भर आई और उसने फिर अपने कुर्ते के पल्ले का सहारा लिया।

''क्या आप सच कह रहे हैं?''

''बिल्कुल साहब, मैं भूखा हूँ मुझे अन्न की सौगंध है, शेष आप चल कर देख लीजिये।''

''यदि यह सत्य है तो आप सब कुछ लिखकर दे दो, लाओ यह चाबी और घर पर ही रहना, हो सकता है बुलाना पड़े। कहाँ रहते हो?'' अधिकारी ने पूछा।

''बड़े चौक में!'' उत्तर मिला।

''क्या नाम है?''

''राहुल!''

''मकान नम्बर?''

''सात बटा चौबीस।''

"ठीक है यह लो कागज और कलम। शुरू से आखिर तक की सारी घटना लिख दो" अधिकारी ने कागज-कलम उसकी ओर बढ़ाते हुए कहा था।

× × ×

टर्र...टर्र...टर्र...टर्र फोन की घण्टी बज उठी। पुलिस थाना...जी हाँ ड्यूटी-अफसर...आप...ऐसा कीजिये, तुरन्त चले आइये। बिना आपके यहाँ आये हम कुछ न कर सकेंगें...जी...जी नहीं, आपको आना ही पड़ेगा..." ड्यूटी अधिकारी ने कुछ बातें की और फिर बड़बड़ाया, "लाला का बच्चा,...हवल्दार जय सिंह!" उसने आवाज दी तो उत्तर मिला, "हाँ जनाब।"

"ठाकुर साहब को सूचित कर दो कि रात वाले मामले से सम्बन्धित लाला आ रहे हैं। यदि नाम पूछें तो अमरनाथ बता देना" "अच्छा जनाब" कहता हुआ हवल्दार जो निकट आ गया था, अन्दर चला गया।

कुछ समय उपरान्त एक कार आकर थाने के सामने रुकी और वही व्यक्ति जो राहुल को गेहूँ नहीं दे रहा था, बाहर निकला।

"दरोगा जी नमस्ते" उसका स्वर बड़ा विनम्र था। जिसके उत्तर में अधिकारी ने कह दिया "नमस्ते, कहिये।"

"कहिये क्या? आपके राज्य में गजब हो गया, दुकान हमारी और ताला पता नहीं किसका?...ठाकुर साहब कहाँ हैं?"

"यहीं हैं, अभी आ रहे हैं। तब तक आप बैठिये, "जीतू! हरिया से कह दे तीन चाय ले आए।"

"मेहरबानी के लिए शुक्रिया, बाल बच्चे तो कुशल हैं न?" आगन्तुक ने एक लिफाफा जेब से निकाल कर अधिकारी की ओर बढ़ाते हुए कहा।

"आपको किसी पर शक है?"

"जी हाँ, यही शहर के गुण्डे और कौन होगा?"

"किसी का नाम?"

"वैसे तो नहीं लेकिन..." वह चुप हो गया।

"आप गल्ले का ठेका लिये हैं?"

"जी"

"क्या कल सायं आपके यहाँ कोई आटा या गेहूँ लेने आया था?"

"जी बहुत आये थे, एक क्या? कई को तो लौटाना भी पड़ा था।"

"क्यों"

"आटा समाप्त हो गया था।"

"और गेहूँ?"

"वह तो है ही नहीं।"

"क्या यह सच है?"

"बिल्कुल साहब हमें क्या पड़ी है कि हम झूठ बोलें। सरकार का माल है, सरकार की जनता खाती है, हम तो बिचोलिये हैं।"

"ठीक है, आप ऐसा कीजिये, मेरे प्रश्नों को ध्यान में रखते हुए एक रपट लिखा दीजिये। यह लो कागज, किसी का नाम आदि देना चाहो तो वह भी और हो सके तो एक दो गवाह के दस्तखत...तब तक ठाकुर साहब भी आ जायेंगे। इस मामले की जांच वह स्वयं कर रहे हैं।" कहते हुए अधिकारी ने लिफाफे को लाला की ओर उल्टा खिसका दिया।

लाला जी ने लिखना आरम्भ किया और अधिकारी अपने कार्य में डूब गया। कुछ समय उपरान्त जब आँखें ऊपर उठाई, तो लिफाफे दो हो चुके थे और कुछ निकट भी।

लाला जी ने लिख लिया तो कागज अधिकारी की ओर बढ़ा दिया। जिसे अधिकारी ने पढ़ा और अपने कहे के अनुसार पाया, तो कहा, "कोई गवाह?"

"यहाँ कौन बैठा है साहब?" लाला जी ने कहा और अधिकारी ने अपने रजिस्टर में इन्दराज कर ली।

"इस बीच एकाएक लाला जी खड़े होते हुए बोले, " ठाकुर साहब नमस्ते।"

"नमस्ते लाला अमरनाथ, क्या चार सौ बीसी हो रही है, आपके इलाके में?" बाहर आते हुए निरीक्षक ने पूछ लिया।

"यही तो हम भी पूछते हैं..." लाला अमरनाथ कह ही रहा था कि ड्यूटी अधिकारी के शब्द सुनाई पड़े, "लाला जी ने लिखित बयान दे दिया है जनाब।"

''आप यहाँ का ध्यान रखें, हम मौके पर चलते हैं...फाइल मुझे दे दो।''

अधिकारी ने फाइल के साथ दोनों लिफाफे भी जोड़ दिये जब निरीक्षक ने संकेत से पूछा तो अधिकारी ने लाला अमरनाथ की ओर संकेत किया। उत्तर में निरीक्षक के मुँह पर मुस्कराहट छा गई।

गल्ले की दुकान के सामने आकर एक जीप और एक कार रुकी। कार से लाला अमरनाथ एवं निरीक्षक ठाकुर निकले तथा जीप से चार सिपाही और एक हवलदार। ''ताला कहाँ है?'' निरीक्षक ने पूछा।

''वह रहा साहब'' लाला अमरनाथ ने उत्तर दिया तो ठाकुर ने अपनी जेब से एक चाबी निकाली और ताला खोल दिया...सभी चकित रह गये। भीड़ जमा हो गई थी। कई ने इसमें पुलिस की मक्कारी समझी, फिर क्या था? नारे लगने लगे, ''बड़ा दरोगा-हाय! हाय! पुलिस सिपाही-मुर्दाबाद'' सिपाही चौकन्ने हो गये। निरीक्षक हवलदार के साथ अन्दर घुस गया। अमरनाथ पीछे-पीछे चल रहा था, ''यह क्या है?'' निरीक्षक ने प्रश्न किया।

''आपको तो पता ही है इन्स्पैक्टर साहब, यह तो चलता ही है। ऐसा करने में ही तो हमारी और आपकी भलाई है।''

निरीक्षक ने ध्यान दिये बिना बोरियां स्वयं ही गिन डाली। पूरी एक सौ ग्यारह। एक नीचे खुली हुई जिसमें से तोलने पर पता चला चालीस किलो आटा कम था। निकट ही दस किलो के बट्टे के नीचे बावन रुपये भी रखे मिले। निरीक्षक ने बाहर खड़े कई सज्जनों को बुलाकर दिखाया और उनका साक्ष्य लिया और सारी घटना बता दी, जिसका फल यह हुआ कि जन-हर्ष बढ़ गया। ''मोटा लाला हाय, हाय; बड़ा दरोगा जिन्दाबाद'' के नारों से वातावरण गूँज उठा।

निरीक्षक ने हवल्दार को आवाज दी और कहा, ''दीनू बड़ा चौक, सात बटा चौबीस से राहुल नामक मिस्त्री को तुरन्त थाने ले आओ,'' दीनू तुरन्त चल पड़ा। निरीक्षक ने संकेत किया, तो एक सिपाही हथकड़ियां लिये लाला अमरनाथ की ओर बढ़ने लगा। अमरनाथ भाँप गया। वह निरीक्षक के निकट आया, ''ठाकुर साहब, मेरी इज्जत आपके हाथों में है, लिफाफे तो दरोगा के लिए थे, आपके दो पक्के, मन्थली के अलावा...नहीं तो पछताओगे,'' उसने बहुत धीरे से कहा और निरीक्षक ने सुना तो बोला-''चलो, चलो जीप में बेठो।'' वह जानता था कि लाला अमरनाथ की पहुँच ऊपर तक है, तबादला करवाना तो उसके लिए मामूली बात है।

अमरनाथ ने एक नौकर की ओर संकेत करके अपनी ओर बुलाया फिर कान में कुछ कहा। वह सुनकर मुनीम की ओर बढ़ गया। अमरनाथ कार में बैठ गया। वह खुश था कि हथकड़ियाँ नहीं लगी, वरना कस्बे में नाक कट जाती। वह निरीक्षक के साथ ही बैठा था।

''ठाकुर साहब, आपका सामान मैंने घर भिजवा दिया है।'' अमरनाथ ने बताया तो जैसे निरीक्षक का ध्यान टूटा, ''क्या, अच्छा! अच्छा!'' उसने कहा। और कोई बात उनमें न हुई। ''इसका क्या करूँ? दो हजार मिल रहे हैं...और छोड़ूं तो...खुद को भी खतरा, ऊपर वाला स्साला हमारी तो कोई सुनता ही नहीं...जो मुझे दो दे रहा है ऊपर दस भी दे सकता है, मन्थली भी देता है''...झटके से जीप रुकी। ड्यूटी अधिकारी गेट पर ही था। सैल्यूट करने के उपरान्त बोला ''कुंवर साहब का फोन आया था, बात करने को कहा हैं,'' क्या एस.पी.साहब को पता चल गया?'' उसके मुँह से निकला, तो अमरनाथ मुस्करा रहा था।

2

फूट का फल

''हमारी बैल गाड़ी कीचड़ में फँस गई है, हम अकेले हैं, आप थोड़ा सा हाथ लगा दें, तो यह निकल सकती है'' नीले रंग की मैली सी साड़ी पहने, पल्लू को चेहरे और सिर पर इस प्रकार लपेटे कि सिर्फ आँखें दिखाई पड़ती हैं, एक औरत हर आने-जाने वाले से प्रार्थना के स्वर में कहती है। आने जाने वाला जो भी सुनता है, एक बार फँसी हुई गाड़ी की ओर देखता है, फिर उस औरत की ओर। कोई-कोई जो पहचान लेता है, तो मुस्करा कर निकल जाता है। जो नहीं पहचान पाता, विस्मय से एक बार पुनः गाड़ी की ओर देखता है, जिसका मालिक हरिया कभी बैलों को साँटे से पीट रहा होता है, तो कभी पैणी से। बैल भरपूर ताकत लगाने के बावजूद हर हिचकोले के साथ कीचड़ में और नीचे धँसती चली जा रही गाड़ी को निकाल पाने में असमर्थ रह कभी जूआ गिरा देते हैं, तो देखने वाला अपना रास्ता पकड़ निकल जाता है। हरिया गुस्से से भर उठता है।

किसी ने हाथ का सहारा देना तो दूर, परामर्श या प्रोत्साहन के दो शब्द कहना भी उचित नहीं समझा। औरत हर किसी से सहायता की उम्मीद करती है, वही वाक्य दोहराती है, किन्तु सब व्यर्थ है।

सामने से सिरिया को आता देख कर वह पीठ घुमा लेती है। सिरिया हरिया का बड़ा भाई होने के कारण औरत का जेठ है, इसलिए उससे बोलना सामाजिक अपराध है और अपराध न होता तब भी उससे वह न कहती। जिनसे आये दिन किसी न किसी बात पर वह झगड़ती रहती है, उनसे मदद के लिए कहने में क्या उसकी हेठी न हो जाती?

सिरिया सिर पर घास की गठरी लिये था। हरिया ने भी उससे सहायता माँगना उचित न समझा। कुछ तो यह झिझक कि किस मुँह से कहे, दूसरे पत्नी के गुस्सा होने का भय। ''यह घास किसके लिए ले जा रहा है? इसके यहाँ तो कोई पशु नहीं है...जरूर हरदेवा के लिए होगा। जब से अलग हुए हैं, तब से वह उसी के साथ मिल कर काम करता है।'' वह सोचता रहता है, किन्तु कुछ कहने का साहस नहीं कर पाता।

सिरिया अपने छोटे भाई हरिया और उसकी पत्नी की दशा देख कर मन ही मन रो उठता है। उसकी इच्छा होती है कि यह गठरी फेंक कर भाई की मदद करूँ, किन्तु वह ठिठक जाता है...यदि हाथ लगाने से भी रोक दिया तो...और उसके मन में वह घटना घूम जाती है जब पाँचों भाई इकट्ठे रहते थे।

''किसी की मजाल कि आँख भर देख तो ले। पाँचों भाई और छठे बापू...छह लाठियां घर की थी तो दस पाँच और भी साथ हो लेते थे। गाँव में क्या इलाके में किसी की हिम्मत नहीं थी कि सामने मुँह भी खोल दे। गढ़ी वालों से जब झगड़ा हुआ तो लोग देखते ही रह गये थे।''...और उस दिन कुँए पर से जब बापू ने आवाज दी, ''अरे हरिया जरा जूआ उठाते लाना, हल जोड़ देता हूँ, दिन छुपने तक दो बीघा निकल जायेगा,'' तो इसी हरिया ने साफ मना कर दिया था, ''छोटा हूँ तो यह थोड़े ही कह दिया कि सभी घौंस जमाएँ! रमुआ से कह दो या नलुआ से अपने वश की यह बेगार नहीं है, हर घड़ी आगे पीछे घूमो।''

''कहाँ आगे पीछे घूमते हो? काम को तो हाथ नहीं लगाते!'' रमुआ ने उत्तर दिया ही था कि नलुआ भी चुप न रह सका, ''ओये हरिया के बच्चे न तू खुद काम करता है और न तेरी घर-वाली और खाने को तुझे सबसे अच्छा चाहिये।''

''मेरा खर्च भी तो ऐसा ही है। तुम्हारे सबके दो-दो चार-चार बच्चे हैं। यदि नहीं करोगे तो खाने को कहाँ से आयेगा,'' हरिया ने कहा था, फिर बात बढ़ते-बढ़ते बापू ने आकर इसको एक थप्पड़ जमा दिया...

''हमारी बैलगाड़ी कीचड़ मैं फँस गई है...'' इस आवाज से सिरिया का ध्यान टूटा! वह सोचता हुआ आगे निकल गया था। सुनने वाला भी अनसुनी करके निकल गया। ठीक ही तो कहा गया है कि जो योग्य होता है, सहायक

भी उसी को मिलते हैं। वैशाख की दोपहरी। ग्यारह बजने वाले थे। सूरज भी जैसे कुपित हो उठा था। पसीने से लथ-पथ दम्पति एक दूसरे की ओर देखते और परस्पर असहाय से मुँह फिरा लेते। हरिया कभी जूआ ठीक करता तो, कभी कमजोर पड़ रहे बूढ़े बैल की ओर के पहिये को सहारा देता हुआ उसे टिटकारी देता। फलतः वह बैल कुछ जोर लगाता भी, तो दूसरा हेठी दिखा जाता।

इसी दौरान कंधे पर हल और जूआ रखे पसीने में सराबोर नलुआ पास से गुजरा। हरिया की पत्नी गाड़ी की आड़ में हो गई और हरिया देखता रह गया। उसकी कई बार इच्छा हुई कि भाई को आवाज दूँ लेकिन हिम्मत नहीं पड़ी। पत्नी के भय के अलावा नलुआ ने भी तो जैसे सब कुछ देख कर कुछ देखा ही नहीं। ''और दिखा ऐंठ?'' वह मन ही मन कहता हुआ निकल गया। ''मिया-बीबी हम दो जीव खाने वाले हैं और काम करना पड़ता है, गधे की तरह। किसी की टट्टी तो किसी का पेशाब। ऐसे तो कोई नौकरानी भी न करेगी।'' हरिया की पत्नी के कई बार कहे गये ये शब्द उसके लिए जैसे एकदम ताजा हो गये और वह क्रोध में कुछ और लाल होता हुआ आगे बढ़ गया।

हरिया ने एक युक्ति सोची। एक ओर से पत्नी को बैल हाँकने के लिए कहा और बूढ़े बैल की ओर अपने आप हो गया। बैलों ने भी जैसे अन्तिम दाँव पर अपनी सम्पूर्ण शक्ति लगा देने की ठान ली थी। बूढ़ा बैल आगे बढ़ने की जी-तोड़ कोशिश करने लगा तो हरिया के सहारे से उसकी ओर का पहिया निकलता दिखाई पड़ा किन्तु दूसरे बैल के पैर फिसल गये और वह कीचड़ में गिर पड़ा।

यह सब हो ही रहा था कि बीरू आ गया। जब से हरिया अपने भाइयों से अलग हुआ था बीरू के साथ मिल कर ही खेती कर रहा था। बैल तो दोनों का एक एक था, बैल गाड़ी इकट्ठे में उधार ले ली थी। उधार के पैसे बीरू ने तो चुका दिये थे किन्तु हरिया के अभी बाकी थे।

जिस बैल की ओर हरिया था वह हरिया का ही बैल था और जिसके पैर फिसले थे वह बीरू का। अपने बैल के साथ घोर अन्याय होता देख बीरू आग बबूला हो गया। उसने कहा तो कुछ नहीं केवल निकट आया और अपने बैल को जूए के नीचे से निकाल कर गाड़ी को उसी स्थिति में छोड़ चलता बना। हरिया लहू का घूँट पीकर रह गया।

'चल, अब हम ही यहाँ क्या करेंगे? दोपहर-बाद किसी को बुलाकर निकलवायेंगे। अब तो कोई मिलेगा भी नहीं।' हरिया ने अपनी पत्नी से कहा तो वह जैसे पता नहीं कब से इसी इन्तजार में थी। तुरन्त तैयार हो गई। हरिया अपना सामान समेटने लगा कि तभी दो तीन आदमी आते दिखाई पड़े। हरिया की पत्नी उन्हें निकट आते देख कुछ ठिठकी और फिर वही पहाड़ा "हमारी गाड़ी कीचड़ में...हम अकेले हैं..." उसने दोहराया। राहगिरों ने जैसे सुना ही न था। वह पुनः कहने लगी 'हमारी गाड़ी...'

हरिया अपना सन्तुलन खो चुका था, चिल्लाया, "अकेली तू होगी, मैं अकेला नहीं हूँ। मेरे तो चार भाई और पाँच भतीजे हैं। ऐसी गाड़ी को हाथों से निकाल कर अलग रख दें। लेकिन तेरे कारण कोई किसी का हल ढो रहा है और कोई किसी का घास। तेरा यार बीरू भी अपना बैल ले गया। जब हम सब भाई एक साथ थे, तो इसकी बोलने तक की हिम्मत न थी...समझी"

"अब भी क्या देरी है, फिर एक हो जाओ" एक राहगिर ने चुस्की ली। जिसकी गाड़ी फँस जाती है, उसे वैसे भी सभी उल्लू बताने लगते हैं, फिर यहाँ तो वह प्रत्यक्ष उल्लू बना हुआ था।

'हाँ बुला क्यों नहीं लेते अपने भाइयों को, किसी ने तुम्हारी तरफ देखा भी ? सब मुँह फिरा कर निकल गये' उसकी पत्नी को तो जैसे सहारा मिल गया हो, उसने व्यंग्य किया।

ढाई तीन घण्टे से जिस किसान की बैल-गाड़ी कीचड़ में फँसी हो, उसमें इतनी सहनशीलता कहाँ कि ऐसे व्यंग्य सहन करे। हरिया का हाथ उठ गया।

'हम आ गये हैं भाई, घबराना नहीं' तभी उसे सुनाई दिया। बीरू जब अपना बैल लेकर गाँव पहुँचा, तो कानों-कान हरिया के बापू को खबर हुई। उसने उसके चारों भाइयों को बुला कर बुरा-भला कहा और दूसरों के यहाँ नौकरों की तरह का व्यवहार पाने पर डाँटा, तो वे सभी एकत्र होकर अपने जवान बेटों और बैलों-सहित सहायता के लिए आ रहे थे। यह आवाज उन्हीं की थी।

3
चोरी के फूल

उसने अपना वह रंगीन थैला, जिस पर कहीं कहीं स्याही के दाग पड़े थे, जो कुछ मैला भी हो गया था, सीमेण्ट और ईंटों से बनी एक कुर्सी-ऐसी कुर्सी जिस पर कई जने बैठ सकते हों—के ऊपर अपने पास रख लिया। थैले की तनियाँ बँधी थी, ऊपर केवल मारकीन की सफेद किन्तु मैली सी चद्दर चमक रही थी। थैला रखा था और वह पागल जैसी दशा में उस कुर्सी पर कमर लगाये किसी भाव-मुद्रा में...

चलते समय भाई साहब ने कहा था, 'भैया देख के सफर करना, कैसे चौकस रहो!' और बस चल दी थी...डीजल का धुँआ...ग्रामीण क्षेत्र की अध-टूटे डामर वाली सड़क...उस पर उड़ती धूल...एकम एक...वह सोचे जा रहा था। कभी माँ, कभी बड़े भाई और कभी पिता जी की तस्वीर उसकी आँखों में उभरती और किसी न किसी प्रकार के निर्देश देती हुई ओझल हो जाती।

वह हरियाणा के दिल्ली बार्डर के निकट स्थित जाण्ठी गाँव में बस में बैठा था। दूर-दूर तक फैले खेतों से गेहूँ काट लिये गये थे। बस के शीशों में से स्वर्णिम भूमि हरित हो उठी थी। 'उठ नऽ, अक बट्ठ्या ही रहऽगा,' किसी ने कहा, तो उसे पता चला कि दिल्ली आ गई। बस यहीं तक...सभी को उतरना...

हाथ में थैला लिये वह अन्तर्राज्यीय बस अड्डे से निकला और पैदल ही चल पड़ा। तभी उसे सुनाई पड़ा, 'टेसण, चौधरी साहब टेसण...पचास पैसे।'' वह एक तांगे वाला था।

''ये दिल्ली है साहब,'' किसी ने ताँगे में बैठे हुए स्मरण कराया कि बच के रहे।

धक धकाधक...धक धकाधक...छैं...उसका ध्यान टूटा। गाड़ी रथ स्थल पर 'लग' रही थी। उसी के इंजिन का यह स्वर था। उसने हाथ बढ़ाया, तो चीख निकल गयी...थैला...।

गाड़ी सामने और थैला गायब...। वह हड़बड़ाया। इधर-उधर देखा। कहीं कुछ पता नहीं।... ''कहाँ गया, किसने...कौन...एक छायासी...नहीं...अब...क्या होगा!...मैं क्या जबाब दूँगा?...कौन सुनेगा...किसे यकीन × × × आयेगा?...यहीं तो था...मुझे ढूँढना चाहिये, लेकिन कहाँ?' वह सोच रहा था। हड़बड़ाहट में उसके हाथ पैर फूल गये थे। कभी इस प्लेटफार्म पर तो कभी उस पर। कभी इस डिब्बे में तो कभी उसमें पान सुपारी से चाय तक की दुकानें...

'क्या ढूँढ रहे हो?' एक अधेड़ सी आयु के पुरुष ने पूछा तो उसने उत्तर दिया, ''कुछ नहीं, ऐसे ही एक थैला, किसी ने उठा लिया...अभी अभी मेरे पास था...शायद आँख लग गई थी।'

'ये दिल्ली है साहब' उसने बताया। वह आगे निकल गया था। 'दिवान जी...मैं लुट गया...मेरा थैला चोरी चला गया'-उसने एक सिपाही-जो प्लेटफार्म पर गश्त लगा रहा था, को देखकर किसी आशा में अपना रोना रोया।

'क्या था उसमें?' सिपाही ने पूछा।

'एक चद्दर थी और फूलों की गठिया?' आर्द्र नेत्रों से उसने उत्तर दिया।

'थैले का रंग कैसा था।' सिपाही ने पूछा, तो उसने उत्तर दिया, 'पीला।'

'पहचान सकते हो।'

'जी हाँ।'

'सफेद सा मैला सा...'

'फूल किस चीज के थे।'

'वे फूल थे दिवान जी'।

'अबे उल्लू के पट्ठे, मैं यही तो पूछ रहा हूँ' फूल काहे के थे। गुलाब के, गेंदे के, चमेली के, कमल के या सरसों' इस बार सिपाही के मुँह पर मुस्कान थी। एक साधारण सी चद्दर और थैले में फूलों जैसी ''छोटी'' चीज के लिए इतना परेशान देखकर मुस्कान का उभर आना स्वाभाविक था।

'दिवान जी कमल गुलाब के नहीं, मेरी पत्नी के।' और उसकी आँखें भर आई।

'अरे हरामजादे, तुम्हारे हों या तुम्हारी पत्नी के। आखिर वे फूल किस चीज के थे।' और फिर कुछ रुक कर 'अच्छा चाहे जहें के भी हों, जा रपट लिखादे।' सिपाही ने थाने की ओर संकेत करते हुए उसे आदेश दिया।

वह पैर मलते हुए आगे बढ़ा। थाने में इससे पूर्व कभी घुसने का मौका उसे न मिला था। इस बार उसे घुसना पड़ा। वह काँप उठा। सामने ही 'रपट खाना' था। बड़ी सी मेज। बस चार पाँच कुर्सियां। दो बैंच। सामने वाली कुर्सी पर बैठा उपनिरीक्षक राम कुछ लिख रहा था। पास की कुर्सी पर एक प्रधान सिपाही साथ बैठे सिपाही हरगोविन्द से कुछ पूछ रहा था।

सन्ध्या के साढ़े छह बज चुके थे। सूर्य अभी छुपा नहीं था। हाँ, प्रकाश में लाली आ गई थी। सुबह से कई मामले आ चुके थे। इसलिए राम और उसका सिपाही हरगोविन्द काफी थक गए थे।

उसने हाथ जोड़ कर जय राम जी की, तो 'क्या बात है', प्रधान सिपाही ने ऐसे पूछा कि जैसे खा जाएगा। और उसने अपना सारा किस्सा सुना डाला। बात पुनः आकर फूलों पर रुक गई। तब तक राम ने अपना कार्य समाप्त कर लिया था। उसने सुना था 'फूल किसके थे?'' प्रधान सिपाही पूछ रहा था।

'मेरी पत्नी के।'

'ओफ!' राम के मुँह से निकला 'आप बैठिये, और हड़बड़ाइये नहीं, जैसी भी मदद होगी हम जरूर करेंगे। हमारी पूरी सहानुभूति आपके साथ है।''

वह डरता सा बैंच पर बैठा/बैठते हुए उसकी धोती का पल्ला बैंच के किनारे अटक गया। धोती खुलती-खुलती बची। उपनिरीक्षक राम ने एक कागज पैंन्सिल निकाली और पूछने लगा, 'आपका नाम'! 'राधेलाल'...'गाँव।'...'जांठी।'...

'ऐसी बात है, राधेलाल जी, हमें खेद है कि आपकी पत्नी इस छोटी उम्र में ही आप से बिछुड़ गयी और अब उसकी अस्थियाँ भी किसी ने चुरा ली, जिनके मिलने का अब सवाल ही नहीं उठता क्योंकि उठाने वाला आपके सामने यदि हो तब भी पहचान न सकेंगे। सो जो रहे थे। इतनी बड़ी चीज भी नहीं है कि छुपायी न जा सके। ऐसे हालात में सामान के मिल जाने की कोई उम्मीद नहीं की जा सकती । फिर भी हम कोशिश करेंगे और किसी भी तरह की कमी

न उठा रखेंगे। अब दो बातें हैं। एक तो यह कि आप की रपट दर्ज कर ली जाए और सारी कार्यवाही अपनी रफ्तार से चले, जैसा कि होता है और दूसरा यह कि रपट, वपट की चिन्ता छोड़ जहाँ भी सम्भव हो सके, ढूढँने की कोशिश की जाए। वैसे अच्छा रास्ता यह दूसरा ही है। हाँ हम करेंगे वही जो आप कहेंगे।'

राम बड़ी सहानुभूति दिखा रहा था, जो अकारण नहीं था। एक तो 'ऊपर' से आदेश थे कि जुर्मों की रोक-थाम की जाए, जो असल में तो सम्भव न था हाँ, कागजों में दर्ज न करके दिखाया ही जा सकता था। दूसरे राम की ड्यूटी समाप्त होने वाली थी। अगर वह पर्चा दर्ज करे तो कई घण्टे और रुकने की नौबत थी, जिससे वह बचना भी चाहता था। लेकिन राजधानी है, पता नहीं कौन किस मन्त्री या अधिकारी का आदमी है कब शिकायत कर दे, लेने के देने पड़ जाएं। इसलिए आगन्तुक को 'खुश' भी करना था।

'दरोगाजी, मैं लुट गया...मेरे फूल दिला दो...मुझे और कुछ नहीं चाहिए...आप चाहे जैसे भी करें...मैं आपका अहसान जिन्दगी भर न भूलूँगा।' राधेलाल ने कहा था। वह खड़ा हो गया था।

'अरे आप बैठे रहिये, चिन्ता न कीजिए, हम आपकी भरपूर मदद करेंगे।''

राम आरक्षी सेवा में नया था। महकमें के कई तौर-तरीकों से नावाकिफ, 'डायरेक्ट' अफसर। कई ''रैंकर'' उसके असाधारण विनम्र व्यवहार से वैसे भी चिढ़े रहते और बात बात पर व्यंग्य किया करते थे। राम ने अपनी सहायता के लिए एक दक्ष सिपाही को लिया हुआ था, जो उसकी प्राय: हर तरह मदद किया करता था। राधेलाल जब यह सब बता रहा था तो उसने सभी कागजात तैयार करने आरम्भ कर दिए थे। सब कुछ तैयार कर उसने राधेलाल से दस्तखत करने को कहा।

राधेलाल ने सोचा अब ये लोग तरीके से काम करने के नाम पर मुझे टरकाने वाले हैं इसलिए मना करते हुए बोला,'' इसकी क्या जरूरत है साहब आप वैसे ही ढुँढवा दीजिए।

''अरे भाई दस्तखत तो करो यह तो आपकी दरखास्त है, जिसके सहारे हमें काम करना है।'' सिपाही ने समझाया। राधेलाल ने दस्तखत किए तो राम ने दो सिपाही बुलवाए और उन्हें उसके साथ जाकर थैला ढुँढवाने में मदद की हिदायत दी। जब वे रवानगी दर्ज करने लगे तो राम ने कहा, ''इसकी कोई जरूरत नहीं।''

वे गये। राधेलाल भी उनके साथ था। तभी राम ने अपने सिपाही से पूछा, ''हरगोविन्द, अगर परचा दर्ज करना ही पड़ गया, तो कौन सी धारा लगेगी।''

''यही तो मैं सोच रहा हूँ जनाब, सामान चोरी की धारा, हुलिया, कीमत,...फूलों की कीमत कौन आँक सकता है साहब?''

'कानून बनाने वालों ने कभी सोचा भी न होगा कि उनके नुमाइन्दों को ऐसे केस को भी सँभालना पड़ सकता है।'

'एक बात बताऊँ साहब।'

'क्या?'

और हरगोविन्द ने थानाध्यक्ष के कमरे की ओर इशारा कर दिया।

'सो तो ठीक है, लेकिन नहीं बता पाएंगे, तो उल्टे झाड़ने लगेंगे।' राम ने कहा।

'फिर कुछ तो करना ही है और कुछ चारा भी तो नहीं।'

राम धीरे से उठा और थानाध्यक्ष का द्वार खट खटाया। बातें हुई। लेकिन उत्तर मिला, 'पुलिस अफसर हो या ठट्टा, हर छोटी-मोटी बात के लिए चले आते हो। पी.टी.एस. में क्या मक्खियां मारते रहे हो? अगर यही हालत रही तो हो लिया काम। मुझे अपने क्या कम काम हैं? जो तुम्हें अच्छा लगे करो मेरा सिर मत खाओ।'

राम अपना सा मुँह लेकर रह गया। उसने निर्णय ले लिया था कि पर्चा दर्ज ही न किया जाएगा। केवल सन्तुष्ट करने के लिए कई कागज तैयार कर लिए थे। वैसे भी यदि काम दिल से किया जाए, तो वह बिना लिखा पढ़ी के भी हो सकता है।

स्टेशन से सामान उठा लिये जाने की यह पहली घटना न थी। और राम का अनुभव इस तथ्य का साक्षी था कि जब तक किसी व्यक्ति को रंगे हाथों न पकड़ लिया जाए, चोरी गया हुआ सामान वापिस नहीं मिलता। इसलिए उसने कागजी कार्यवाही के बजाय निजी तौर पर कुछ करने का फैसला किया।

ड्यूटी का समय खतम होने को आया, तो दोनों सिपाही लौट आये।

'बड़ा ढूँढ़ा साहब, कहीं कुछ पता नहीं चला।' एक ने कहा।

'हाँ साहब, कुछ खबर नहीं लगी।' दूसरे ने भी चुप रहना उचित न समझा।

'ठीक है, तुम लोग जा सकते हो'। राम ने कहा और फिर अपने सिपाही से बोला, 'हरगोविन्द', तुम अभी न जाना। मेरे साथ चलना है।'

'दरोगा जी नमस्ते।' राम ने पीछे से सुना तो उसके मुँह से स्वतः ही निकल गया, 'नमस्ते लाला जी नमस्ते, आइये आज तो बड़े दिनों में दर्शन दिये।'

'दर्शन क्या ऐसे ही कुछ माल बुक कराया था, सोचा मिलता चलूँ। लेकिन लगता है आप बड़े व्यस्त हैं।' आगन्तुक ने कुर्सी पर, जिसकी ओर राम ने संकेत किया था–बैठते हुए कहा। और राम ने नवीनतम घटना कह सुनाई।

'बात तो ठीक है लेकिन ऐसी तो बात नहीं कि आप लोगों को पता न हो कि इलाके में कौन आदमी कैसा है, फिर भी आप लोग इन्हें खुली छूट दिये रहते हैं। अगर मैं आपकी जगह होता, तो सबको अन्दर कर देता।'

'सो तो ठीक है लाला जी, लेकिन दूर के ढोल सुहावने होते हैं। फिर हमें सहयोग भी तो नहीं मिलता। न ऊपर वालों का न नीचे वालों का। कोई रंगे हाथों पकड़ा भी जाए तो उल्टे छुड़ाने पहुँच जाते हैं। खैर, माफ करना, मुझे चलना है।' और राम बाहर आ गया। सिपाही हरगोविन्द और राधेलाल उसके साथ थे। राधेलाल की दशा बदतर होती जा रही थी। राम ने ड्यूटी के बजाय मानवीयता के नाते सहयोग की बात सोची। और सामान उठाने से सम्बद्ध जो भी सन्दिग्ध–चरित्र थे, सबके घरों की फेरी लगाने लगे। वे तीनों जहाँ भी गये मालिक प्रायः उपलब्ध थे और जो नहीं थे उनके बारे में घर से जहाँ की सूचना मिली, वहाँ मिल गये। केवल एक आदमी था जिसका कोई पता न मिला।

'सुबह से भोजन भी नहीं किया, पहले तो कुछ था ही नहीं जब वह लाये तो अब बनाया है, पर अब उनका पता ही नहीं कहाँ गये हैं' राम के पूछने पर भिक्का की पत्नी ने बताया।

राम को शक हुआ। वह उसके अन्य ठिकानों पर भी गया। कभी इस झुग्गी में तो तो कभी उस चाय की दुकान पर।

राधेलाल पगला चुका था, 'अब मैं अपनी पत्नी को स्वर्ग में क्या जबाव दूँगा। माँ को, भाई को मैं क्या बताऊँगा, किस मुँह से कहूँगा कि फूल चोरी हो गये। लोग क्या कहेंगे, जिन्दा की टहल तो क्या करता मरी के फूल भी बेच

खाये। किसी को दे दिये होंगे स्याने सपटे को, नीच है, शराब पी गया होगा...जुआ खेला होगा' वह सोच रहा था। दरोगा जी किसी भी तरह मेरे फूल दिला दो।...मैं आपका अहसान जीवन भर नहीं भूलूँगा। आप मेरे लिए भगवान के समान हैं आप ही...दरोगा जी...'...'ओह...माँ...यह साला दरोगा का बच्चा भी कुछ नहीं करता...मुझे लिए घूम रहा है। इसी के साथी ने चुराये होंगे। ये पुलिस वाले क्या कम चोर होते हैं। हाँ...मैं कहूँगा...मुझे कौन रोक सकता है...घूस लेते हैं...चोरी कराते हैं...फँस जाते हैं तो बचने के लिए घूस देते हैं...चोर नहीं तो क्या हैं।...हड्डियाँ तक चुरा लेते हैं...अरे मैं कहता हूँ, इस दरोगा को सब पता है। मेरा थैला किसने चुराया है...मेरे फूल...मेरी पत्नी के...।'

'दरोगा जी मैं आपके पैर पड़ता हूँ...दरोगा जी...' नहीं' यह यमदूत है मैं इसका खून पी जाऊँगा हराम का...

जब भिक्का का कहीं कुछ पता न चला और दस बजने को आये तो राम ने सिपाही को पाँच रुपये दिये और उसे खाना खिला कर जाँठी के लिए किसी ट्रक में बैठाने को कहा, बसों का समय अब न रहा था।

हरगोविन्द ने पटरी पर धाबा लगाने वाले जयलाल को पकड़ा, डाँट पिलायी फिर राधेलाल को खाने बैठा दिया। उसे भूख कहाँ...मुश्किल से दो रोटियाँ और चने खाये।

वहाँ से हरगोविन्द उसे शेरशाह सूरी मार्ग पर ले गया। जमना बाजार वाले चौराहे पर रूपसिंह सिपाही ड्यूटी दे रहा था। वह यातायात पुलिस में है। हरगोविन्द का दोस्त भी है उसे कह कर राधेलाल को सोनीपत की ओर जाने वाले एक ट्रक में बैठा दिया और सुख की साँस ली।

भिक्का–वही अधेड़ उम्र का पुरुष–उसने इससे पहले कभी भी पुलिस को इस प्रकार छानबीन करते न देखा था। 'किसी पुलिस वाले का रिश्तेदार होगा।' उसने सोचा पहले तो राधेलाल ने और फिर पुलिस ने उसे यह देखने का भी अवसर न दिया था कि थैले में क्या है। वह एक चाय वाले की दुकान में दुबक कर बैठ गया। पिछले कई दिन से उसने इस दुकानदार से याराना बढ़ाया था। नयी जगह थी, दूसरे किसी को इसका न पता था।

जब सिपाही और राधेलाल को दूर जाते देखा तो उसके दम में दम आया। वह बाहर निकला और घर की राह ली। घर पहुँचा तो सवा दस बज चुके थे। पत्नी बाट जोह रही थी।

'छोटे दरोगा ढूँढ रहे थे' दरवाजा खोलते ही पत्नी ने बताया। 'हाँ, इस छोकरे का नक्षा जमता जा रहा है, बड़ा तंग करने लगा है।' कहते हुए भिक्का मिट्टी के तेल की डिबिया के पास गया और पहले थैला टटोलने लगा...ऊपर चद्दर थी, एक कागज में लिपटे पच्चीस रुपये और एक गठिया। गठिया खोली तो उसका चेहरा फक्क रह गया।

उससे खाना न खाया गया। नीचे उतरा ही नहीं । सूखी रोटियाँ, अस्थियाँ बन गयी थी। ज्यों त्यों करके एक रोटी निगली और खड़ा हो गया। उसने गठिया उठाई और सड़क पर आ गया। सिपाही या उसके साथ वाले ग्रामीण का कहीं पता न था। वह तेजी से यमुना जी की ओर बढ़ा। वे दोनों उस ओर ही गये थे। उसने दूर से देखा कि जमना बाजार वाले चौराहे पर वे दोनों यातायात पुलिस के सिपाही से बातें कर रहे थे। जी में जी आया कि 'गठिया लौटा दूं...लेकिन थैला तो मैं लाया ही नहीं...और पच्चीस रुपये...छह सात दिन का काम चलेगा...ये सिपाही कूट कूट कर कचूमर निकाल देंगे...नहीं...फिर कुछ तो करना ही है...क्या...आत्महत्या...छि!...फिर...क्या...' और वह कन्नी काटता हुआ सड़क पार कर गया।

वह बढ़ा जा रहा था। उसके पैरों में न जाने कहाँ से गति आ गयी थी। उसे अपने पास से गुजरने वाले एकाध व्यक्ति का भी भान न था।

श्मशानों के पास से निकलते हुए वह यमुना के किनारे पहुँचा। चन्द्रमा के प्रकाश में दूर से आती हुई जल की शान्त धारा...उसने...गठिया की गाँठ खोली...पानी छू छू छू...छप-छपक हुई तो किसी ने पूछा, 'कौन?' आवाज जानी पहचानी थी—जान मुहम्मद की।

'मैं भिक्का' उसने उत्तर दिया।

'क्या था?'

'चोरी के फूल!'

4

डेढ़ रूपये की मौत

उसे पता था कि खेत में रोटियाँ लाने वाला आज घर पर कोई नहीं है। इसीलिए उसने ग्यारह बजते-बजते हल छोड़ दिया और बैलों को आम के नीचे घास पर लगा गाँव की ओर चला। वह चल क्या बस दौड़ रहा था। पौन कोस के लगभग दूरी पार कर गाँव पहुँचने में उसे दस मिनट भी न लगे होंगे। 'क्या बात है हरिया आज इतनी जल्दी क्यों मची है?' तेरा क्या रक्खा है गाँव में जो दोपहर में ही टपक पड़ा है?' 'आज क्या ढेरी वाली ने नेवता दिया है?' जो भी हम उम्र मिलता, मजाक करता जो छोटा होता राम राम करके निकल जाता और जो बड़ा होता हरिया उसे राम-राम कर देता।

हरिया, चतरू जाट का बड़ा लड़का। छोटा फौज में कहीं दूर तैनात। वर्ष में एक दो बार ही घर आ पाता। हाँ हर महीने पैसे भेजने न भूलता। भूले भी कैसे? सब कुछ उसी का तो था। होता तो भी, कैसे? जमीन, नाम मात्र की डेढ़ बीघा आती थी, बाप के हिस्से में। चौथी तक पढ़ा था। ऊपर के लिए गाँव में मदरसा न था और बाहर भेजने की चतरू की गुजांइश नहीं। अड़ौसियों-पड़ौसियों की जमीन बोकर जो चतरू गुजारा कर रहा था उसी में यह भी लग गया। जो अपनी लड़की देगा कम-से-कम यह तो देखेगा कि वह खायेगी क्या? और इस 'क्या' का जवाब हरिया या चतरू के पास था नहीं। इसलिए हरिया अविवाहित रह गया। पर हरिया ने अपनी ओर से विवाह का जिक्र किया भी नहीं, उल्टे जब कभी जिक्र चलता वह साफ मना कर देता।

छोटे भाई सिरिया ने जब चौथी पास की तो गाँव में आठवीं तक का स्कूल खुल चुका था। अत: आठवीं करने के लिए तो किसी प्रकार की कठिनाई न

रही। और आठवीं करते ही लम्बे तगड़े जवान को फौज में बेहिचक ले लिया गया। गाँव वालों ने तो चतरू के भाग्य को सराहा ही ढेरी वालों ने उसका रुपया रखने में भी गौरव का अनुभव किया।

सिरिया के दो लड़के हो गये थे। दोनों को पढ़ने बैठाया हुआ था। बड़ा चौथी में और छोटा तीसरी में। उम्र में एक ही वर्ष का अन्तर था।

सिरिया की पत्नी काफी समझदार और सूझ-बूझ वाली थी। वह घर और बाहर हरिया के महत्त्व को भली-भाँति समझती थी। यही कारण था कि उसकी आर-टेर में जरा भी कमी न आने देती। केवल गाँय दूध देती थी जो इतना होता था कि बच्चों का भी पूरा मुश्किल से पटता, किन्तु सन्ध्या समय हरिया जब खेत से लौटता तो एक गिलास दूध, पानी मिला हुआ या जैसा भी अन्य के लिए होता, उसे अवश्य मिलता। वह कई बार कहता भी 'मेरा खिलाया अब किस काम का, ये हड्डियाँ तो सूखी भी चल निकलेंगी। अब तो बच्चों को खिलाओ या छोटे के लिए कुछ जोड़ लो। छुट्टी आयेगा तो उसे कुछ तो चाहिए।' जोड़ने से उसका तात्पर्य घी से होता। पर ढेरी वाली जैसे बहरी हो गयी थी। इस मामले में उसकी एक न सुनती।

अन्य दिनों की भाँति दूर से खँखारता हुआ हरिया जब आँगन में पहुँचा तो पसीने में लथपथ, नंगे बदन, कुर्ता निकाल कर सिर पर रखे, धोती, जो मिट्टी जैसी ही हो गयी थी, घुटनों तक चढ़ी। बड़ी जल्दी में लग रहा था। बोला, बस बहू रूखी-सूखी जैसी भी हैं जल्दी ला, हाँ, एक बण्टा ठण्डा पानी जरूर पिला। आज तो गर्मी ने हद ही कद दी।'

ढेरी वाली तो जैसे तैयार बैठी थी। घड़े में से लगभग एक किलो आयतन का लोटा उसने घूँघट में से ही झाँकते हुए ला रखा। वह कहना तो चाहती थी कि 'पसीने में आये हो, अभी न पीओ, किन्तु कोई बच्चा था नहीं और जेठ से खुद बोले तो कैसे ? न चाहते हुए भी मर्यादा-वश चुप ही रह गयी।

दालान में आसन बिछा कर उसने एक गिलास में नमक-जीरा मिली छाछ रख दी और एक थाली में ला कर घी में चुपड़ी चार मिस्सी रोटियां। हरिया को भूख तो लगी ही थी। आधी चबाता और आधी नहीं। बड़े-बड़े टुकड़े। दो दो रोटियां और दो बार आयी और फिर एक ही ली। सात आठ मिनट में ही वह बाहर द्वारा पर कुल्ला कर रहा था।

'क्या बात है, हरिया अब तो बैठा ही था, अभी उठ गया? मुँह में क्या मशीन लगा ली है।' आवाज पड़ौस में से आई जो नाते में हरिया की दूर की चाची थी, पर हम-उम्र थी और मजाक करने का अवसर ढूँढती रहती थी।

'मशीन तो तेरे मुँह में लगे चाची, मुझे तो आज भूख ही न थी, बस आठ नौ फुल्के ही खाये गये हैं।' हरिया ने कहा तो ढेरी वाली तो अन्दर ही अन्दर मुस्करा रह गयी पर चाची को जैसे अवसर मिल गया, बोली, 'बस आठ-नौ! और क्या ढेरी वाली को खायेगा?'

'नहीं चाची ढेरी वाली तो बाल बच्चे-दार है और अभी उम्र ही क्या है पर तेरी उम्र पक गयी है तुझे खाकर भूख मिटे तो मिटे।' और वह कहता हुआ बाहर निकल गया। चाची के कुछ कहने की आवाज तो आयी पर उसे सुनाई न दिया।

हरिया सीधा शिव सिंह की बैठक में पहुँचा। अब तक उसने कुर्ता पहन लिया था। जेब से तम्बाकू की थैली निकाली और शिव सिंह के लड़के को आवाज देता हुआ बोला, 'अरे पाल्ले, केनी आग ले आइये एक चिलम हुक्का पियेंगे।'

'रख दे' हरिया ने कहते हुए चिलम की ठण्डी राख रितायी और तम्बाकू रखा फिर तवी जमाकर चिमटे से अंगारे के कई हिस्से करके चिलम में जमा दिये। चिलम भरने के बाद हुक्के पर रख कर घूँट मारी तो मुँह से निकला, 'उँह, पता नहीं कब ताजा किया होगा?' और चिलम उतार कर बराबर में रख दी। फिर हुक्का उठा कर नल पर पहुँचा। नल का पानी उतर गया था, इसलिए बाल्टी का पानी नल में डालकर चलाया। जब नीचे से पानी आ गया तो फरसी और निगाली को पानी में अच्छी तरह तर किया और पानी बदला।

'अब मजा आयेगा' उसके मुँह से निकला और वह मोढ़े पर पसर गया। पहली घूँट मारते ही हुक्का सुलग उठा। वह गुड़गुड़ाने लगा। तभी उसने सिरिया के दोनों लड़कों को सिर पर बस्ते रखे और हाथों में तख्ती लिए घर की ओर आते देखा।

× × ×

सिरिया को फौज में नौकरी करते कई वर्ष हो गये हो गये थे इसलिए हवलदार के पद तक पहुँच गया था। पर हर महीने सौ रुपये से अधिक न भेज पाता था।

इतना भी अपने आप पर पूरा नियन्त्रण लगाने के बाद ही। शराब तो क्या पान बीड़ी तक के निकट न जाता था वह। लेकिन घर की हालत में किसी प्रकार का सुधार न हो पाया था। बस, इतनी बात थी कि अब घर वालों को उधार मिल जाता था। बनिये चाहे नाक भौं सिकोड़ें पर दे देते थे। जमीन की पैदावार का अधिकतर मालजुजारी और पानी के दामों में निकल जाता। जो कुछ बचता उसमें तन्ख्वा मिलाकर भी परिवार का गुजारा बड़ी मुश्किल से चलता। फिर भी हरिया ने सिरिया के दोनो लड़कों को पढ़ने बैठाया हुआ था तो फीस का पूरा भी मुश्किल से पटता था। कई बार तो कई-कई महीने हो जाते थे।

हरिया ने हुक्का पीते-पीते महसूस किया कि सिर में कुछ दर्द है। दर्द जब और बढ़ा तो उसे अपनी गलती का एहसास हुआ, 'पसीने में पानी पी लिया है, बहू पानी देती हुई हिचक तो रही थी, पर मैं समझा ही नहीं।

जब हुक्का सुलग चुका तो हरिया उठा। सिर का दर्द काफी तेज हो गया था। 'वैद जी से दवाई लेकर ही खेत की ओर चलूँगा, उसने सोचा। वैद्य की दुकान उसी गली में घर के पार पड़ती थी। अत: जाने के लिए घर के सामने से होकर गुजरना लाजमी था। वह चला। घर के निकट पहुँचा तो दोनों लड़कों के रोने की आवाज आई। साथ में ढेरी वाली के शब्द, 'इन फीस वालों ने ही जान ले ली। हर महीने चाहिए। नास गये को कितनी बार कहा कि जब ब्योंत नहीं है तो क्यों पढ़ाते हो? पेट के जाले तो उतरते नहीं, लौण्डों को पढ़ायेंगे। पढ़ कर बनेंगे कलट्टर।' सुनते ही हरिया ठिठक गया। उसे ध्यान आया कि सुबह बड़े लड़के ने फीस की याद दिलाई थी। 'मास्टर जी कह रहे थे फीस न हो तो स्कूल मत आना, हम नाम काट देंगे। तीन महीने से पैसा नहीं दिया। दोनों भाइयों का डेढ़ रुपया हो गया है' मैंने कह दिया था, ठीक है बेटे, तुम स्कूल चलो। मैं इन्तजाम तो क्या करता मास्टर जी को कह के भी न आ सका कि एक दो दिन में पहुँचा दूँगा। शायद मास्टर जी ने इन्हें तंग किया होगा, तभी तो रो रहे हैं।' तभी ढेरी वाली की रोती आवाज सुनाई दी, 'ये लो मेरे छड़े ले जाओ किसी को दोगे तो ड़ेढ रुपया तो मिल ही जाएगा।' हरिया तो ऐसी कल्पना से भी काँप उठा। सिर का दर्द जैसे गायब हो गया हो। वह सीधा हरि सिंह बनिया की दुकान पर पहुँचा। हरिसिंह जीरा तोल रहा था। पचास ग्राम जीरा देते देते जब वह ऊपर को लखाया तो हरिया को देखते ही बोला, 'आइये चौधरी साहब, आज कई दिन में दिखाई दिये हो। कहाँ रहते हो। तुम्हारे हिसाब में

उन्नीस बीस रुपये हो गये हैं, कुछ इन्तजाम करो। हम भी गरीब आदमी हैं, इस दुकान के सहारे ही काम चलता है। जो उधार वापिस न आये तो कैसे काम चलेगा?' इसी बीच उसने जीरे की पुड़िया बना कर आठ नौ साल की एक अर्द्ध नग्न लड़की के हाथ में थमा दी थी।' वह तो पहले ही अपने पैसे माँग रहा है और कैसे देगा, 'अब की तन्खा पर हिसाब चुकता कर दूँगा सेठ जी, हरिया के मुँह से निकला', वह बिना रुके आगे बढ़ गया, 'हुँ अब की तन्खा। चार महीने हो गये कहते कहते। अब की तन्खा में किस-किस को चुकता करेगा? सौ रुपल्ली भेजता है। बीस से उधार लिया है किसी से बीस, किसी से तीस' उसने चलते-चलते सुना। ज्यों-ज्यों वह आगे बढ़ा आवाज धीमी पड़ती चली गयी थी। बखत-बखत की बात है। साला परसों जब हेराफेरी में पकड़ा गया था तो मेरे ही पाँव पड़ता था, 'अपने बापू से जमानत करा दे, आज आँख दिखाता है।' वह सोच रहा था। पर उसकी समझ में नहीं आ रहा था कि सबसे पहले डेढ़ रुपया जुटाने की समस्या से कैसे निबटे? 'बच्चों का नाम कट गया तो इम्तिहान में नहीं बैठ पायेंगे और फिर सिरिया क्या कहेगा कि मैं इतना भेजता हूँ और तुम लोग मेरे बच्चों की फीस भी न दे सके? चलूँ मास्टर जी की खुशामद कर लूँ। शायद मान जाएँ। पर इनका भी तो यही हाल होगा। नौकरीपेशा है, क्या मिलता है, साठ रुपये। इतना बड़ा परिवार। नहीं, इसके बस की बात नहीं।' वह सोचता सोचता धरमी के घर के बाहर से गुजरा तो, 'अरे बइ ये पन्द्रा रुपये डाक खाने में जमा करा दिये और शाम को हलवा बनाइये, मैं सामान लेता आऊँगा, उसने सुना। आवाज धरमी की ही थी, उसके चचेरे भाई की। उसने सोचा, 'काम बन गया।' और वह पीछे हट कर खंखारता हुआ दहलीज में घुस गया। 'आ ज्या भाई हरिया, कहाँ फिर रया इस टाईम' धरमी ने चारपाई बिछाते हुए कहा तो हरिया बैठते हुए बोला, 'अरे भाई, फिर क्या रहा हूँ? बच्चों की फीस देनी थी, कई महीने हो गये। आज न दी तो नाम कट जाएगा, डेढ़ रुपये की जरूरत है, तन्खा आते ही दे जाऊँगा'।

'असल में आज तो एक पैसा भी नहीं है, डेढ तो क्या। दो चार दिन ठहर जाओ तो...' धरमी ने बताया। हरिया का मुँह कुछ तो धूप और सिरदर्द से लाल हो रहा था कुछ गुस्से से और हो गया। 'नहीं देने तो मना कर दो, झूठ तो मत बोलो, मैं भीख थोड़े ही माँगता हूँ, उधार चाहिए, पैसे तो तुन्हारे पास हैं, नहीं तो डाकखाने में जमा करने और हलवे की बात न होती' उसने कहा था।

'हैं तो क्या तेरे लिए हैं?'

'मैं तो नहीं कहता कि मेरे लिए हैं पर काम तो तुम्हें भी पड़ता रहता है।'

'अपना तो भर लो, मेरा काम तब चलाओगे।'

'और क्या तू भरता है? उस दिन जब उघाई वाले भैंस खोल ले गये थे तो मैंने ही...'

और हरिया अपनी बात पूरी भी न कर पाया था कि धरमी भी लाल हो गया,' ओये मुँह सँभाल के बोल, इतना है तो माँगने क्यों चला आया?' वह चीखा।

'उधार देता हूँ तो ले भी सकता हूँ' हरिया उससे भी अधिक चीखा और चारपाई से खड़ा हो गया।

'चल कुत्ते, हम नहीं दिया...'और इससे पूर्व कि धरमी अपनी बात पूरी करता हरिया ने उसकी टाँगों में सिर देकर औंधे मुँह गिरा दिया। धरमी की बहू ने अपने पति की दुर्दशा देखी तो चिल्लाई 'मार लिये, मार लिये...बचाओ...पकड़ियो और अन्दर घुस कर गँड़ासा निकाल लाई, हरिया ने, जो धरमी के ऊपर था, जब उसे लाते देखा तो काँप उठा। उसने बड़ी जल्दी से धरमी को छोड़ उसकी पत्नी के हाथ से गँड़ासा छीनना चाहा किन्तु हरिया को अपनी ओर बढ़ता देख वह भी डर गयी और हाथ चला बैठी।

धरमी ने उधर न देखा। कोने में रखी लाठी की ओर दौड़ा और क्षण भर में स्याम जड़ी लाठी उसके हाथों में थी।

गँड़ासे के वार से हरिया धराशायी हो चुका था। ऊपर से धरमी ने सिर को केन्द्र बना कर कई लाठियाँ भी जमा दी।

आस-पड़ोस के आदमी-औरतें अन्दर घुसे तो धरमी को कहते सुना, 'सुअर का बच्चा, ब्याह तो हुआ नहीं, इधर उधर फिरता है, छोटा-बड़ा कुछ नहीं देखता...'।

5

डॉग शूटिंग

कितनी मिन्नतों के बाद उसने अपना नाम कुत्ते मारने के लिए दैनिक आदेशों में निकलवाया था, अन्यथा यह एक अपराध जो हो जाता। सार्वजनिक क्षेत्र में तो और भी बड़ा।...अपना नाम देखा तो वह उछल पड़ा। अपने साथियों को इससे अवगत कराना जरूरी था। ठीक भी तो है अब उसे कारतूस मारने और सचल बिन्दु पर निशाना साधने के अवसर जो मिलेंगे। नभ सेना में ऐसे अवसर अधिकारी वर्ग के लिए तो कुछ हैं, वह भी सीमित, पर साधारण वर्ग के लिए तो बिल्कुल भी नहीं। कुत्ते मारने के लिए भी यद्यपि आयुध (वैपन) अथवा भू. प्रशिक्षण प्रशिक्षक (जी.टी.आई.) शाखा के कम से कम महा दण्डपाल (सार्जेण्ट) पद के अधिकारी ही अधिकृत हैं तथापित सहायता के लिए जो दण्डपाल (कार्पोरल) अथवा पवन-पुत्र (ए.सी.) जाता है प्रायः यह कार्य वही करता है क्योंकि एक तो उसका नया खून बुजुर्गाना 'पाप' से नहीं डरता, दूसरे कुछ कर दिखाने की चाह भी होती है। कुत्ते मारने (डॉग शूटिंग) के लिए युवक इसलिए भी लालायित रहते हैं कि सार्वजनिक क्षेत्र में उन्हें 'रंग' देखने और 'आँखें चार करने' के भी अवसर मिल जाते हैं। वह भी एक दण्डपाल था। जब अपने प्रयत्नों के फलस्वरूप पहली बार इस कार्य हेतु उसका नाम निकला तो प्रसन्न होना स्वाभाविक था। पहले दिन जब वह महादण्डपाल चन्द्रवंशी के साथ गया तो दुनाली हाथ में लेते काँप उठा। गोली न दाग पाना उसकी कायरता का प्रत्यक्ष प्रमाण होता, केवल इस कारण उसने आँख मीच कर घोड़ा दबा दिया लेकिन निशाना इतना अचूक निकला कि कुत्ता पैर फड़फड़ाता हुआ वहीं ढेर हो गया। वह भूरा कुत्ता। गोली कान के पास लगी थी। उफ भी तो न कर पाया। लहू अवश्य बहा लेकिन उसने मुँह फिरा लिया। देखने का साहस न हुआ।

कई नवयुवतियाँ और बच्चे उसे झाँकियों में से ऐसे घूर रहे थे, जैसे उनका कोई अहित हुआ हो और शत्रु को आँखों से ही खा जाने को प्रयत्नशील हों।

उसकी गर्दन झुकी थी। हाथ में दुनाली, शिकार की टोह में म.द.पा. चन्द्रवंशी और वह, किन्तु कोई शिकार न मिला। कई तो घरों में छिपा लिये गये थे, कुछ भाग गये थे।

लौटते हुए म.द.पा. चन्द्रवंशी ने कहा, 'तुमने तो कमाल कर दिया प्रदीप। ऐसा अचूक निशाना! सच कहता हूँ इस बार राष्ट्रीय प्रतियोगिता में हिस्सा लो।'

उसने जैसे सुना ही नहीं। वह सोच रहा था, 'इस कुत्ते ने मेरा क्या बिगाड़ा था...मैंने इसे क्यों मारा...क्या यह पाप नहीं...' 'अरे जाहिल जब एक कुत्ता मारने पर यह हालत है तो दुश्मन को कैसे मार सकेगा!' 'नहीं यह कोई बात नहीं दुश्मन पर तो हाथ अपने आप उठ जाता है ये निरीह जानवर दुश्मन नहीं...' 'ये भी कई बीमारियाँ फैलाते हैं' 'बीमारियाँ तो कई आदमी, इनसे भी ज्यादा फैलाते हैं'...क्या उन्हें भी मार देना चाहिये' 'हाँ, क्यों नहीं...!'

'प्रदीप। मैं तुम्हें ही कह रहा हूँ।' चन्द्रवंशी ने झुंझलाकर कहा, तो उसे कुछ होश आया, ऐं क्या? उसके मुँह से निकला। लेकिन चन्द्रवंशी ने आगे जो कहा उसे भी वह न सुन सका।

'...वह असहाय था तभी तो मारा गया...कमजोर था अन्यथा कपड़े की एक कत्तर भी किसी ने गले में बाँध दी होती तो न मर पाता। तब यह आदेश विरुद्ध होता' 'कैसा आदेश?'...'कुत्ते मारने का'...छिः आदेश भी दिया कुत्ते मारने का...मारा भी तो कुत्ता...अरे शिकार ही करना है तो कुत्ते का नहीं, शेर का कर, पता चले'।

'डी डी डि गाड़ी ने ध्वनि की और रुक गयी। झटका तेज था, उसका सिर गाड़ी की बराबर में लगा तो ध्यान टूटा। लहू तो न निकला, घूम पड़ गया। ध्यान टूटने पर उसने देखा कि गाड़ी दूसरी गाड़ी से टकराने से बाल-बाल बची थी।

माथे पर हाथ लगाया तो काफी सूज गया था 'जरूर मैंने कोई बुरा काम किया है। तभी तो चोट लगी...'...नहीं हमें खास चोट नहीं लगी, किसी की बुराई का फल होता तो लेने के देने पड़ जाते' 'अरे बच्चू यह तो तुम्हें चेतावनी दी गयी है, या तो ठीक हो जाओ नहीं तो'

खाना खाने का भी उसका मन न हुआ। वही भूरा कुत्ता,...वही फड़-फड़ाते पैर लहू...।

'जब सोने लगा तो अवस्था और बिगड़ी। असहाय भूरा कुत्ता...नींद आई...'राम ने बाली को धोखे से मारा था तो राम के अवतार कृष्ण को बाली के अवतार शिकारी से मरना पड़ा था, मैं भी तुझे छोड़ूँगा नहीं, तू समझता क्या है? अरे इतनी ही हिम्मत है तो मेरी आत्मा को मार, तब जानूँ क्या...मैं तुझे छोड़ दूँ...नहीं...

'नहीं...' वह चिल्ला रहा था। पास की चारपाई पर सो रहे रंगानाथन की आँख खुली। आधी नींद में उसके मुँह से निकला 'खन्ना भिरक्कै' और वह उठ खड़ा हुआ। उसे समझते देर न लगी कि 'प्रदीप' नींद में डर रहा है। उसने हाथ से कुरेद कर उठा दिया और पूछा 'क्या है?'

'कुछ नहीं' प्रदीप ने उत्तर दिया। वे दोनों पुनः सो गये थे। अगले दिन न चाहते हुए भी उसे जाना पड़ा लेकिन मन नहीं मान रहा था। सकुचाते हुए उसने मदपा चन्द्रवंशी को सब कुछ बता दिया। चन्द्रवंशी ने ठहाका लगाया और उसके कन्धे थपथपाते हुए बोला, 'अरे मेरे शेर! पहले ही वार में डर गया। अभी तो पता नहीं क्या देखना है! यदि लड़ाई में मारे गये शत्रु भी सपने में आने लगें तो बस। बेटे यह हमारे संस्कारों एवं पूर्वाग्रहों के कारण है। जैसे हमें बचपन से बताया गया है, वैसा ही हमारा विश्वास बन गया है...और फिर उसने भी तो तुम्हें यही कहा कि आत्मा नहीं मरती। शरीर मरने से क्या होता है...ले भर गोली...देखा आज कैसा शिकार मिला है...?

चन्द्रवंशी ने उसे दो कारतूस थमा दिये और उसने दुनाली भर ली। सामने क्षीणकाय कुतिया मानो आमन्त्रण दे रही थी। सम्पूर्ण शरीर कुष्ठ जैसे रोग से पीड़ित था। मुँह पर दो-चार बाल थे जिनका रंग काला था और बस।

प्रदीप ने उसकी आँखों में देखा तो लगा जैसे कह रही हो, 'प्यारे जल्दी करो मुहूर्त निकला जा रहा है।' उसने विलम्ब करना उचित न समझा,' घोड़ा दबा दिया। कुतिया दो तीन बार चिल्लाई मानो वह कह रही हो धन्यवाद। और बस! आज उसके मन में पश्चाताप न था।

एक पिल्ले पर उसने तीन गोलियाँ दागी। तीनों लगी थी। छीतरे उड़ गये। लेकिन वह हिलता रहा। कई औरतों ने 'वाह रे निशानची' कहा, पर कोई मलाल

न था। लेकिन प्रदीप जब सोया तो वह कुतिया कह रही थी, 'तुमने मुझे मुक्त कर दिया, तुम्हारा अहसान!

अब यह एक सिलसिला बन गया था। प्रदीप ने 'समाज कल्याण' का सारा कार्य अपने हाथ में ले लिया था।

गर्मी का दिन, ग्यारह बजे थे। अचानक फोन आया। प्रदीप और कनिष्ठ चक्रधारी सरबत सिंह एक दुनाली और कुछ गोलियाँ लिए गाड़ी में बैठे। उनका गन्तव्य 'हवा महल' था, नभ-सेना के सर्वोच्च अधिकारी का निवास। पहुँचते ही मेम साहिबा ने अँग्रेजी में कहा, 'वो बदतमीज गँवारू कुत्ता हमारी जैकी को बड़ा तंग करता है।' 'संकेत उसने एक कुत्ते की ओर किया था। कुत्ता काफी स्वस्थ था। भूरे लाल रंग का ऊँचा, चौड़े सीने का। बड़ा ही मोहक लेकिन देशी। शेर जैसा कुत्ता गर्मी में बेहाल था। जीभ निकली थी, लार टपक रही थी, हाँकनी भर रहा था। अशोक वृक्ष की छाया में।

प्रदीप ने साध ली। घोड़ा दबाना ही चाहता था कि उसकी नजर 'दूर से देखते हुए' दो बच्चों पर पड़ी। उसने आवाज दी।

बच्चे तो हटे ही कुत्ता भी खड़ा हो गया। चौंकड़ी भरता हुआ बरामदे में जा बैठा। यहीं 'जैकी' थी। कुत्ता लालायित था कि मेम के नौकर ने भारी सा डण्डा कमर में जड़ दिया। 'होअ' कुत्ते के मुँह से निकला और वह भाग खड़ा हुआ।

मेम ने कुछ सोच कर जैकी खोल दी। वह खुलते ही मेहमान कुत्ते के पास पहुँची, दोनों एक दूसरे को सूँघने लगे। मेम जल गयी। 'यू ब्लड़ी...' उसके मुँह से निकला। सरबत सिंह मुस्कराया 'ब्लड़ी' शब्द का प्रयोग विलायत में नीच समझे जाने वाले प्राय: करते हैं, उसने कल ही पढ़ा था। वाह रे भारत के अंग्रेजो, वह सोच रहा।

प्रदीप निशाना नहीं लगा सकता था। जैकी भी साथ जो थी। नौकर ने प्यार में खलल डाल दिया। मेहमान को मारता हुआ बाहर खदेड़ने लगा। मेम जैकी को बड़ी मुश्किल से बुला पायी, अब उसे बाँध देना ही उचित था।

मेहमान मुख्य द्वार तक जाकर फिर अन्दर मुड़ गया उसकी दशा अत्यन्त दयनीय हो गयी थी। उसे कुछ तलाश थी। जब वह पिछले हिस्से की ओर दौड़ा तो प्रदीप उसके पीछे ही था। ऐसी स्थिति में साध लेना अहितकर था। तभी कुत्ता

रुका अपनी अगली दो टाँगों के सहारे उकडू बैठ कर पिछली बांयी टाँग से कान के पास खुजलाने लगा। सामने मेम आ गयी थी। प्रदीप फिर भी साध न ले सका। उधर मेम के क्रोध की सीमा न थी। 'व्हाट नॉन सेन्स, कैसे शूटर हो?' उसने सरबत सिंह को झाड़ा। 'आय एम सॉरी मैडम' कनिष्ठ चक्रधारी सरबत सिंह ने उत्तर दिया।

प्रदीप ने सब सुन लिया था। वह जानता था कि यह सम्पूर्ण कोटा अन्त में उसे ही मिलना है। लेकिन करे भी तो क्या? तभी उसने देखा कि मेहमान तरण लाल के कण्ठारे पर पहुँच गया है, बड़ा बुरनीता होकर पानी पीने पर लगा है, मानो आज खाली करके ही रहेगा। मेम ने भी देखा। वह मना करने का आदेश देने भी न पायी थी कि 'ठाँय...' और मेहमान कुत्ता ढेर हो गया। 'यू ब्लडी फूल ईडियट...सारा पानी गन्दा कर दिया' मेम ने धन्यवाद देते हुए कहा तो सरबतसिंह ने गर्दन झुकाये उत्तर दिया

'आय एम सॉरी मैडम'...

गर्मी ने जैसे कसम ही खा ली थी।

मौसम का शायद सबसे गर्म दिन था। सूर्य छुपे तीन घण्टे हो चुके थे पर 'लू' अभी भी चल रही थी। दिन भर का थका प्रदीप सोने लगा तो रात में प्यास लगने के भय से उसने चारपाई के पास ही मेज पर पानी का एक कांच का जग भी रख दिया।

जब उसकी आँख खुली बिलट में सभी सो रहे। गैलरी में जलते बल्ब के अलावा और कोई प्रकाश न था। और वह भी एक तो दूर था, दूसरे प्रदीप निंदियाया था इसलिए उसका हाथ जग के ऊपरी किनारे पर लगा और धड़ाम से नीचे। जग का टूटना या पानी का गिरना उनके लिए कोई अनहोनी न थी। वह लेट रहा। सोचा 'नींद' आ जायेगी, सुबह पी लूँगा। लेकिन न नींद आयी न प्यास रुकी। लाचार होकर वह उठा और रंगानाथन की सुराही से पानी पीने के लिए 'तल्पदीप' जलाया। फिर सावधानी से सुराही उठायी 'ओफ यह खाली है' उसके मुँह से निकला।

उसकी नींद हराम हो गयी। गला सूख गया 'क्या करूँ?' वह सोच रहा था। 'अरे हाँ नायर की सुराही में होगा।' नायर की चारपाई एकदम कोने में थी। वह धीरे-धीरे वहाँ पहुँचा तो सुराही वहाँ न थी।

बरामदे में आया। बिट्ठल खर्राटे भर रहा था। प्रदीप जैसे चौंका। विट्ठल के सिराहने की ओर सुराही रखी थी। तेजी से सुराही की गर्दन पकड़ कर उठा। एक घूंट भी न भर पाया था कि गर्दन हाथ में ही रही गयी। धड़ाम की आवाज से बिट्ठल जगा 'च्यायला त्रास देऊ न कोस' उसने कहा और सो गया। 'यन्दा मायरे' पास ही सो रहे राजन की भी आवाज आई थी।

'कुछ नहीं, सो जाओ' प्रदीप ने कहा और बाहर आ गया। प्यास के मारे उसका दम निकला जा रहा था। इधर-उधर जब कहीं पानी न मिला तो बराबर वाली बिलट में गया। इस बिलट में संडास स्नानागाार आदि हैं, लेकिन रात के दो-ढाई बजे पानी कहाँ? बरमा थोड़े ही है कि हत्थी मारो पानी निकाल लो।

'भुतहा नल चौबीस घण्टे चलता है' उसे ध्यान आया और वह भागा। लेकिन कहाँ उसके लिए तो चलना भी कठिन हो गया था। ज्यों-त्यों करके नल तक पहुँचा। टोंटी खोली। पानी निकला। उसने ओंठ नल से ही लगा दिये। दो तीन घूँट भरी। प्यास तेज थी। और जल्दी पीना चाहा। कुछ सँभलने के प्रयास में आगे हुआ तो पैर फिसल गया।

उसकी चीख निकली। ठीक तरण ताल के किनारे मेहमान कुत्ते, की सी। 'मैं कभी डाँग शूटिंग के लिए न जाऊँगा...'मैं कभी...'। वह निरन्तर कहे जा रहा था। उसकी आवाज धीमी पड़ रही थी कि उधर ही बिट्ठल आ गया, उसे भी प्यास लगी थी।

6

उलट-फेर

ताऊ जी, आप कहानी तो सुनाते नहीं, इतिहास पढ़ाते रहते हैं, ''मुहम्मद गजनवी द्वारा सोमनाथ तोड़ने का जो वर्णन किताबों में लिखा है गलत है। इस धरती का खून इतना कायर नहीं हो सकता। हमारे देशवासी धर्म के लिए कुर्बानियाँ देते रहे हैं तो क्या धर्म के प्रतीक को ध्वस्त होते देख लेते? नहीं, ऐसा बिल्कुल न हुआ होगा। यह सब अंग्रेजों के मन घड़न्त किस्से हैं जैसे मूर्ख स्वयं थे वैसे ही हमें सोचते हैं। हमारे यहाँ उस समय ज्ञान-विज्ञान का जितना विकास हो चुका था उसके आलोक में मैं कभी भी स्वीकार नहीं कर सकता कि हमारे पूर्वजों को प्रतीक और यथार्थ में भ्रम हो गया होगा, उन्होंने मूक मूर्तियों से स्वयं अपनी रक्षा की अपेक्षा की होगी।'' और जब मैं कहता हूँ कि आज भी ऐसे मूर्खों की कमी है? तो उत्तर देते हो 'आज ही नहीं, मूर्ख हुए युग में रहें हैं और रहेंगे। तब भो थे। लेकिन राज्य तो मूर्ख नहीं करते थे। आपकी यह बात सुनकर मैंने कई बार कहा है कि मूर्ख न होते तो परस्पर झगड़ते क्यों? किन्तु आपका एक ही उत्तर, 'झगड़ा मूर्खों में नहीं बेईमानों में होता है और बेईमानी का मूल स्वार्थ है जिसका विकास भौतिक ज्ञान के सापेक्ष होता है। झगड़ा ऐश्वर्य-ज्ञान के पण्डितों में भी होता है किन्तु वह ज्ञान की वृद्धि में सहायक होता है। खैर हमारे देशवासियों में उन दिनों झगड़े के चाहे जो कारण रहे हों पर विदेशी आक्रान्ता के समक्ष वे हाथ पर हाथ रखे कदाचित् बैठे न रहे होंगे। 'इस तर्क के विरुद्ध मैं जब किताबों से दलील देता हूँ तो कह देते हो ये पुस्तकें या तो अग्रेजों की लिखी हुई हैं या उनकी जो अंग्रेजों के ही संकेतों पर नाचते हैं। मौलिक चिन्तन को पनाह नहीं देते अन्यथा ऐसी मूर्खता पूर्ण बातें न लिखते।'

एक बार तो आपने यहाँ तक कह दिया था, मुझे ज्यों का त्यों याद है' 'बेटे तुम्हें पता है राजा भोज भी उन दिनों राज्य करते थे। तुम्हारी इन पुस्तकों में क्या इस आक्रमण के समय उनकी प्रतिक्रिया का कहीं उल्लेख हुआ है? यदि नहीं तो क्यों? क्या वे चुप बैठे रहे थे!'' और उस दिन क्या हुआ था ताऊ जी? जैसे मुँह माँगी मुराद ही पा ली हो। कितने खुश होकर आपने अल्बरुनी की डायरी में से मजा ले ले कर पढ़ सुनाया था? कितने खुश थे आप? इतने तो तब भी न हुए थे जब मेरे पिताजी दरोगा बने। आपकी कल्पना ज्यों की त्यों साकार हो उठी थी। और इसके बाद तो अल्बरूनी का उदाहरण दे देकर आपने कालेज के उस प्रोफेसर को भी मात दे दी थी। मैं मानता हूँ कि आप सही हैं लेकिन इसका लाभ? और जब मैंने पूछा तो आप बरस ही पड़े 'लाभ, यदि लाभ-हानि न होती तो इन हरामजादों ने इतनी फेर बदल क्यों की होती? क्या जरूरत पड़ गयी थी इन्हें यह सब छुपाने की कि मुहम्मद गजनवी के आक्रमण के समय बौद्धों ने राजस्थान और पंजाब के जाटों व मीणों को ब्राह्मणों के विरुद्ध खड़ाकर दिया था, जिन्होंने गजनी का साथ दिया। क्या जरूरत थी हमें यह न बताने की कि हारता हुआ मुहम्मद इसलिए जीत गया कि आनन्दपाल का हाथी डर कर भाग गया? कन्नोज गण्ड और परिहार में त्रिलोचनपाल इसलिए पराजित हुए कि मुहम्मद ने त्रिलोचनपाल के अपनी ओर होने की झूठी खबर फैलाकर गण्ड को अलग कर दिया? क्या आवश्यकता थी उन्हें यह सब छुपाने की? आवश्यकता थी, तभी तो इतिहास की पुस्तकों में लिखा कि सोमनाथ पर गजनी ने आक्रमण किया तो जो सेना लड़ने गयी उसे ब्राह्मण पुजारियों ने यह कहकर लौटा दिया कि 'मूर्ति स्वयं अपनी रक्षा कर लेगी। भला जो त्रिलोक पाल है, विश्व की रक्षा करता है क्या अपनी रक्षा न कर सकेगा।' अन्यथा इन्होंने सच्चाई को ज्यों का त्यों प्रस्तुत करते हुए लिखा होता, 'जब हमारे देश के राजाओं को पता चला कि मुहम्मद गजनवी उत्तर और पश्चिम में लूट-मार करता हुआ कई राजाओं को परलोक पहुँचाता हुआ, सोमनाथ की ओर बढ़ रहा है, तो उस समय जगद्गुरु शंकराचार्य-द्वारा पुनर्स्थापित हिन्दू धर्म के सर्वोच्च प्रतीक की रक्षा हेतु काठिवाड़ के राजा के नेतृत्व में कन्याकुमारी से कैलाश और असम, बंगाल तक दूर दराज के राजाओं ने अपनी सेनाएँ भेजी थी। जिस प्रकार एक क्षेत्र की सेनाएँ दूसरों में से निःसंकोच चली आ रही थी उसे देखकर लगता था कि चन्द्रगुप्त और समुद्र गुप्त का देश अभी भी जीवन्त है। तुम्हें पता है कि सागर सदृश इस सेना को एकत्र देख मुहम्मद गजनवी डर से काँप उठा था और युद्ध करने अथवा सोमनाथ

को लूटने का विचार तक त्याग प्राण बचाकर भाग निकलने की सोच रहा था कि उसे एक विभीषण मिल गया। एक अघोर वामा चारी ने उसे मन्दिर के गुप्त मार्ग से अन्दर पहुँचा दिया। 'बिना लड़े, रात्रि में चोर की भाँति जब मुहम्मद मन्दिर में पहुँचा और मूर्तियों को अमूल्य गहनों में सुसज्जित देखा तो वह पागल हो उठा। वह आभूषण उतारने बढ़ा। मूर्ति तोड़ने की तो बात भी भूल गया था कि पुजारी की आँख खुल गयी, उसने समझा मूर्ति तोड़ रहा है। ऐसा न समझता तब भी उस युग में हिन्दू धर्म जितना कट्टर था, उसे देखते हुए मूर्ति छूते ही अपवित्र हो जाती, यों तो मन्दिर को अपवित्र अन्यथा भी मान लिया जाता। खैर, पुजारी ने विनय की कि यदि आप इस मूर्ति को न तोड़ें तो मैं आपको इतनी सम्पत्ति दे सकता हूँ जितनी इस पूरे मन्दिर से भी न मिलेगी, बल्कि इससे कई गुनी होगी।' मुहम्मद बड़ा लोभी था। पर तभी उसके मन्त्री ने कहा 'बादशाह सलामत, इस मूर्ति को तोड़ डालिये यहाँ का धन आपको मिल ही जायगा, फिर इससे जबरदस्ती बाकी धन निकलवा लिया जाएगा।' उसने सुना, पगला कर बोला, 'मैं मूर्ति बेचने वाला नहीं, तोड़ते वाला कहलाना चाहता हूँ'। और यह कहकर उसने नंगी तलवार का वार हिन्दुत्व के प्रतीक पर कर दिया। अरे यह क्या? मूर्ति से पूर्व तो ब्राह्मण को ही तलवार लगी। बचाने के प्रयास में बीच में जो कूद पड़ा था। क्या तुम्हारी इन पुस्तकों में कहीं लिखा है कि महमूद गजनवी को मूर्ति पर प्रहार करते समय ब्राह्मण को पहले मारना पड़ा था। नहीं, अग्रेजों ने कहीं नहीं लिखा। उनका ध्येय हमें सच्चाई से वाकिफ कराके अपने शासन को कमजोर करना नहीं था, बल्कि इस बात का झूठा प्रचार करके कि हम निकम्मे और कमजोर थे और हैं इसलिए अग्रेजों की यहाँ आवश्यकता है, हमें गुलाम बनाये रखना और अपनी नींव को पुख्ता करना था जो उन्होंने किया और तुम्हारे जैसे पढ़े-लिखे-मूर्ख उनके लिए कहे का अंधानुकरण कर रहे हैं।' आपको याद होगा ताऊ जी जब मैंने आपको टोकते हुए कहा था कि आप बड़ी जल्दी आवेश में आ जाते हैं तो आप किस प्रकार चीखे थे-'मैं आवेश में आ जाता हूँ। यदि सच्ची कहता हूँ तो आवेश है और यदि सत्यासत्य की चिन्ता किये बिना सुनता रहूँ तो सभ्य। अपने लहू में ऐसी सभ्यता नहीं है जो केवल मूँड हिलाना सिखाये। हमारे यहाँ विवेक की शिक्षा दी गयी है, और विवेकहीन व्यक्ति को पशु माना गया है, समझे'। सम्पूर्ण सोमनाथ-काण्ड में आपको जो बात अधिक महत्त्वपूर्ण लगती है और जिसे आप प्राय: प्रतिदिन दोहराते हैं वह यह कि मुहम्मद गजनवी जब यहाँ से गया तो उसकी कैसी दुर्दशा हुई? अभी-

अभी तो आप बताकर हटे हैं कि 'जब हमारे देश की फौजों को पता चला कि सोमनाथ पूर्णत: ध्वस्त हो चुका है तो बदला लेने के ध्येय से निर्णय लिया गया कि मुहम्मद बचकर निकलने न पाये। गजनवी की जान बड़ी आफत में आई। वह कई दिन तक बचकर निकलने का अवसर खोजता रहा और सेनाएँ प्रतीक्षा में रही कि कब प्रहार किया जाय। एक वर्ग को यह भी चिन्ता थी कि चोरी-चोरी कहीं निकल न भागे। तभी एक ब्राह्मण उसके पास गया और बोला, 'राजन, यदि आप मुझे इतना धन दे दें कि मेरा परिवार आजन्म मजे से रह सके तो मैं आपको अत्यन्त सुरक्षित मार्ग से आपके देश की राही दिखा सकता हूँ। गजनी को तो मुँह माँगी मुराद मिल गयी। उसने ब्राह्मण को मुँह माँगा धन दिया तो अपने परिवार वालों को वह धन थमाकर गजनी को गजनी का रास्ता दिखाने चला। ब्राह्मण सांडनी पर आगे-आगे चला जा रहा था और गजनी व उसकी सेना पीछे-पीछे। जब सबको चलते-चलते कई दिन हो गये और चारों ओर रेत ही रेत के अलावा कुछ न दिखा, घोड़े हाथी और सैनिक पानी बिना त्राहि-त्राहि कर उठे तो गजनी ने ब्राह्मण को बुलाकर पूछा, 'पण्डित वह सुरक्षित रास्ता कहाँ है?' तो ब्राह्मण ने अट्टहास करते हुए ऊपर को हाथ उठा दिया, 'वहाँ' उसने कहा था। और वह अपनी साँडनी को दौड़ाकर तूफानी रेत में गायब हो गया। गजनी को जब ठगे जाने का एहसास हुआ तो बड़ी देर हो चुकी थी। इसके बाद तो उसकी अवर्णनीय दुर्दशा हुई। लूट का माल उन्हीं जाटों ने लूट लिया, जिन्होंने आरम्भ में उसकी मदद की थी। जो थोड़ा बहुत बचा, राजस्थान के रेत में खो गया। सेना का भी अधिकांश काल कवलित हो गया। दूसरों के प्राणों की बलि देता हुआ नंगे हाथ किसी प्रकार मुहम्मद गजनवी स्वदेश लौट पाया और बाद में शक्ति संवरण कर जब जाटों को पाठ पढ़ाने के लिए समुद्री मार्ग से आक्रमण किया तो पुन: अपनी हार निश्चित देख लड़ना छोड़कर भाग गया। अल्बरुनी जो प्रसिद्ध इतिहासकार माना जाता है और मुहम्मद गजनबी के दरबार का एक रत्न था, इस दौरान उसके साथ रहा और उसकी डायरी के कारण ही सच्चाई प्रकाश में आ सकी। मैं तो कहता हूँ भला हो उस अल्बरुनी का कि कर्म में विश्वास करने वाले और फल को परमात्माश्रित छोड़ देने वाले जिन हमारे देशवासियों ने अपने नाम अथवा इतिहास की कभी चिन्ता न की उन्हें अब तो सच्चाई का पता चला।' भला ताऊ जी तब पहले ही कभी हमने इतिहास की चिन्ता नहीं की, तो अब क्यों आप इसे प्रतिदिन हमारे गले उतार रहे हैं? कोई कहानी क्यों नहीं सुना देते? 'हाँ ताऊ जी' भाई साहब ठीक ही तो कह रहे हैं।

आज तो आप कोई कहानी सुनाइये। स्कूल में भी पढ़ना और यहाँ भी पढ़ना। आज रजनी ने भी मेरी ही हाँ में हाँ मिलाते हुए कहा तो जो ताऊ जी अब तक मेरी बात सुनते हुए केवल मुस्करा रहे थे, शायद इसलिए कि उनके शब्द मुझे ज्यों के त्यों कण्ठस्थ थे, रजनी की बात काटते हुए बोले, 'बेटे, स्कूल में जो पढ़ते हो और मैं जो बताता हूँ इसके अन्तर को तुम भली-भाँति समझते हो। स्कूलों में अभी न जाने कब तक मैकाले की शिक्षा-नीति चलेगी जबकि मैं तुम्हें सच्चाई बता रहा हूँ, छानबीन करो, अपने मास्टर जी से पूछा, देखो क्या कहते हैं? जहाँ तक इतिहास पढ़ने की आवश्यकता का सम्बन्ध है, यदि अपने इतिहास और संस्कृति का सम्यक् ज्ञान होता तो तुम्हारे भाई न तो अपने विद्या प्रतीकों को तोड़ते फिरते और विदेशी आक्रान्ताओं के संकेतों पर चलकर कभी उन्हें अपने मन्त्रदाता तो कभी अपने राष्ट्रपति ही घोषित करते। रही छुट्टी और कहानी की, यदि तुम इन्हें कहानी की तरह ग्रहण न करके बोझ मानते हो तो तुम्हारी मरजी। राजा रानियों की प्रेम-कथाएँ और भूत-प्रेत की कहानी तो पल्टू झीमर सुना देगा जाओ। सुन लो मेरे तो बस की नहीं।' इसके बाद उन्होंने ह्वेन्सांग की डायरी खोली और पढ़ने बैठ गये। रजनी तो पल्टू ताऊ से कहानी सुनने भाग गयी, पर मेरी उठने की भी हिम्मत नहीं हुई।

7

बुढ़िया के बैल

बच्चो! तुमने नाक में दम कर दिया है, कितनी बार कह चुकी हूँ कि बर्तन साफ कर लूँ तब तुम्हें अपनी कहानी सुनाऊँगी? क्या कहा, पहले कहानी सुनाऊँ! जाओगे नहीं, यदि ये बर्तन जल्दी साफ न किये तो तुम्हारी माँ राँड...। बड़े शैतान हो गये हो, दादी से कहानी सुनने के लोभ में अम्मा को भी भली बुरी कहलाने लगे। मेरे अच्छे बच्चे, कितने अच्छे हैं! लाड़ले बच्चे, बस दस मिनट का काम है, फिर कहानी ही कहानी, एक नहीं दो-दो। अभी सुनाऊँ। मानोगे नहीं-अच्छा तो बैठो और सुनो। यदि किसी ने शोर मचाया तो बिल्कुल नहीं सुनाऊँगी, समझे! हाँ तो सुनो...

एक बुढ़िया थी। बहुत बड़ी जमीन्दार थी वह। कई हजार मील लम्बा चौड़ा उसका खेत था। हजारों में नौकर-चाकर, बेटे-बेटी, नाती-पोते थे। पहले तो उसका काम बहुत ही अच्छा चल निकला था। दरअसल वह विधवा हो गई थी। यों तो पति से सम्बन्ध विच्छेद बहुत पहले ही हो गया था और वह अपने पिता के पास ही रहने लगी थी। पिता की इकलौती सन्तान थी वह। पिता की ही सारी जमीन्दारी थी जो बाद में उसके हिस्से में आयी। अपने पिता की मृत्यु के बाद जब उसने पहले-पहल काम-धाम सँभाला तो डगमगा गयी। किन्तु पिता के कुछ मित्रों के सहयोग से खे निकली और काम चल पड़ा। किन्तु पिता के उन मित्र लोगों ने समझा कि सब उनकी ही बदौलत हो रहा है तो मनमानी करने का प्रयास करने लगे। कुछ ने तो जायदाद हड़पने की योजना तक बना डाली। बुढ़िया भी कच्ची गोलियाँ न खेली थी। तुरन्त भाँप गयी और उन सबको दूध की मक्खी की तरह निकाल कर फेंक दिया। फिर तो काम और भी अच्छा चला।

सभी कर्मचारियों–परिजनों ने समझा कि अब दिन फिर गये हैं किसी प्रकार की कमी न रहेगी, दूध की नदियाँ बहने लगेंगी।

बेबी! तू मानेगी नहीं? उपद्रव करती रहती है। देखा, कहानी भूला दी। तेरी बातों के कारण मैं यह बताना भूल गयी कि उस बुढ़िया का काम कैसे चलता था। हाँ, उसने, दो बैल रखे हुए थे। उन्हीं से बुढ़िया के कमेरे हल जोतते, रहट चलाते, गाड़ियाँ ढोते, गेहूँ निकालते, पाटा फेरते और क्या बताऊँ कि घर–बाहर का सारा काम उन्हीं बैलों से चलता। बैल सूखा–गीला जैसा डाल दो, खाकर पेटभर लेते। आपस में सींग चलाना या किसी बच्चे या कमेरे की ओर घूरना उन्होंने सीखा ही न था। जब दिन सीधे होते हैं, तो यही पहचान होती है।

पिता के जिन मित्रों ने बुढ़िया के आड़े दिनों में सहयोग दिया उनके भी अपने मतलब थे। किन्तु जब बुढ़िया ने उनकी एक भी न चलने दी और सब काम अपने हाथ में ले लिया, तो बड़े बौखलाये।

सुदेश! तुझे बड़ी जल्दी लगी रहती है, जब सुनाने लगी हूँ, तो सब बता दूँगी लेकिन तभी तो बताया जायेगा जब नम्बर आयेगा। बात के बाद ही बात आती है, फिर एकदम थोड़े ही सब कुछ बता दूँगी। क्या कहा प्रश्न? कहना जरा फिर से! सुनूँ तो। तू समझता है मैं तेरी माँ की नौकर हूँ, बर्तन भी घिसूँ और कहानी भी सुनाऊँ, नहीं सुनाती। भागो यहाँ से चलो। नहीं बेबी, मैं नहीं सुनाऊँगी। जाओ अपने–अपने घर। नहीं...नहीं एक बार कह दिया तो क्या? नीलू तू रोने लगी...नहीं मेरी अच्छी बेटी, बैठ तेरे लिए सुनाती हूँ। हाँ, तो मैं कह रही थी कि वे लोग बड़े बौखलाये। किन्तु और तो कुछ कर न सकते थे, बस, कमेरों को उकसा दिया।

कमेरे ठहरे आखिर नौकर। साहस था नहीं, सदियों से दबे थे। बुढ़िया को तो कुछ न कह सकें, अपना गुस्सा या तो परस्पर लड़–झगड़ कर उतारें या बैलों पर। यों तो बैल बड़े समझदार थे किन्तु वह समझदारी कब तक काम करे? जब पेट में कुछ पड़े ही नहीं और जोतने के लिए कमेरे न दिन देखें न रात और न टिटार दोपहरी। बेचारे सूखकर काँटा हो गये। खेत भी सूखने लगे। सब के भूखों मरने की नौबत आ गयी।

और एक दिन तो कमेरों ने सारी सीमाएँ लाँघकर उन भूखे–प्यासे बैलों को लगातार–कई दिनों तक चलाया। भूखे प्यासे किसी तरह चलते रहे और इधर–उधर घास पानी की ओर तड़पते रहे। उधर कमेरे अपनी–अपनी ओर

खींचते रहे। इसी खींचा-तानी में एक बैल के पैर में फाली लग गयी। फिर क्या था? उनके क्रोध का ठिकाना न रहा। उन्होंने जुआ गिरा दिया। एक बार कमेरों की ओर लपके, जो छोड़कर भाग गये। बैलों को जैसे स्वतन्त्रता मिल गयी। दोनों ने अपनी-अपनी राह पकड़ी और पता नहीं कहाँ गुम हो गये!

बुढ़िया को पता चला तो बड़ी दुखी हुई। बड़ा ढुँढ़वाया। दिन-रात एक कर दिया पर बैल थे कि कहीं नहीं मिले। पता नहीं धरती खा गयी या आसमान निगल गया। पर बुढ़िया ने भी दुनिया देखी थी। उसने साहस न छोड़ा और नये बैल लेने की सोची। किन्तु उसे कोई बैल देने को तैयार न था, दुगने दाम लेकर भी नहीं। हाँ बेटी, नीलू तू बड़ी अच्छी और समझदार है। सब यही चाहते कि बुढ़िया की जमीन्दारी समाप्त हो जाये। इसीलिए उसे कोई अपने बैल नहीं देता था।

लाचार होकर बुढ़िया किसी तरह कहीं से एक गाय खरीद लायी। गाय के नीचे बछड़ा था। उसे आशा थी कि एक तो यह बछड़ा बड़ा हो जायेगा और अगली बार भी गाय बछड़ा दे दगी तो दोनों जवान होकर फिर जोड़ी बन जायेगी। काम चल निकलेगा।

बुढ़िया गाय और बछड़े का बड़ा ख्याल रखती। हाँ नीलू, यही बात है। आशा के सहारे ही तो दुनिया चल रही है। बुढ़िया में आशा थी, इच्छा थी, साहस था और शक्ति प्राप्त करने का प्रयत्न भी वह कर रही थी। गाय का दूध भी उस बछड़े को पिला देती, कुछ खुद पी लेती। कमेरों और परिवार जनों पर भी अंकुश लगाया। उसका विश्वास हो गया था कि कमेरे निठल्ले होकर बिगड़ गये हैं। इसीलिए उसने सबके हाथों में हल के बजाय फावड़े थमा दिये और बोने-ढोने का जो काम अब तक बैलों से लिया जाता था, कमेरों से ही लिया जाने लगा। कमेरे भो बड़े दुखी हुए पर क्या करें? जो बोया था वही काटना था। कुछ में आशा की किरण भी फूटी और उन्होंने बुढ़िया की ही भाँति मनोयोग से काम शुरू कर दिया।

हाँ पूछ, लेकिन शोर मत मचाना। हाँ, हाँ देखा प्रसून ने कितनी अच्छी बात पूछी है? तुम में से किसी को नहीं सूझी। बेटे, इतने सारे परिजन उन दो बैलों से ही हजारों मील लम्बे चौड़े खेत में इसलिए काम चला लेते थे कि उनमें आस्था थी और कर्म-भावना। यों भी तो वे बैल जादुई थे। हाँ बेबी हाँ, आस्था बड़ी चीज है किन्तु निरी आस्था से ही सब कुछ नहीं हो जाता, आस्था से साहस और उत्साह मिलता है। काम तो खुद ही करना होता है।

गाय बछड़े में परिजनों की आस्था और कड़ी मेहनत ने अपना रंग दिखाना शुरू किया तो बुढ़िया की जमीन्दारी फिर चल निकली, दिन दूनी रात चौगुनी उन्नति होने लगी। बुढ़िया का परिवार प्रायः हर बात में आत्म निर्भर हो गया। फल यह हुआ कि अड़ौसी-पड़ौसी और पिता के मित्रों की आँखों में वह फिर खटकने लगी। वे चाहते थे कि बुढ़िया पूरी तरह से ध्वस्त हो जाय पर यहाँ बिल्कुल उल्टा हो रहा था। एक दो सच्चे मित्र खुश भी थे। पर ऐसे लोगों की की संख्या प्रायः नगण्य थी।

जब आदमी को अच्छी तरह खाने पीने को मिलने लगता है तो बहुत कम ऐसे होते हैं, जो सही सलामत पचा लेते हैं, नहीं तो जल्दी ही मस्ती छूट जाती है। पानी को पापा कहने लगते हैं, दूसरों को अपने-जैसा नहीं समझते। अंध श्रद्धा का भी हश्र यही होता है। यही दशा बुढ़िया की भी हुई। बुढ़िया का एक लड़का नशे में कुछ अधिक चूर हो गया। भला बुरा कुछ न देखता, मनमानी करता और कमेरों व परिजनों को अपने नौकर समझता। चापलूस लोगों ने भी उसकी आवभगत आरम्भ कर दी। फूल कर कुप्पा हो गया। वह बुढ़िया भी उसे खुली छूट देकर समझने लगी कि उसका यह होनहार लड़का जरूर उसके नाम को रोशन करता हुआ जमीन्दारी में चार चाँद लगा देगा।

लड़के का दौराला तो और भी बढ़ गया। लोग बुढ़िया के कर्मों को भूल लड़के के कुकर्मों की चर्चा करने लगे। ऐसा नहीं कि वह सब कुछ बुरा ही करता था, काफी अच्छा भी होता था पर जिनकी आदत छिद्रान्वेषण की हो जाती है वे अच्छाई में भी बुराई देखते हैं। वैसे उसकी बुराई भी कम तो न थी, जिसके फलस्वरूप पूरी जमीन्दारी में रोष व्याप्त हो गया।

ऐसा नहीं कि बुढ़िया को इसका पता न चलता हो। पता तो सारा चलता था किन्तु वह पुत्र के मोह में अंधी हो चुकी थी और सब कुछ बेटे की आँखों से देखती थी। दूसरे जो कहते वह समझती कि उसके इस पुत्र के काम से दूसरे जलने लगे हैं। इसी कारण ऊलजलूल बातें करते हैं। सीमा तो हर चीज की होती है, बच्चो! पर वहाँ सीमा दिखाई न दे रही थी। नहीं, यह सीमा नहीं, यह तो मेरी लाड़ली बेटी है। मेरा सीमा से मतलब अन्त से है। क्या? गाय बछड़े का क्या हुआ? अभी बताती हूँ। उसी पर आ रही हूँ। गाय दूध तो खूब देती ही थी। उसका बछड़ा भी बड़ी जल्दी मोटा ताजा हो गया। बुढ़िया पर भी मानो जवानी चढ़ गयी और उसके चहेते छैले की तो पूछो ही नहीं, पूरा शेर हो गया था वह।

छैले के कर्मों, बुढ़िया की बेगारी, बछड़े के अल्हड़पन, पड़ौसियों की कुदृष्टि आस्र परिजनों के रोष में वृद्धि होती गयी, जो एक दिन उस स्थिति में पहुँच गयी, जहाँ से लौट पाना सम्भव न था। गाय भी खूब मोटी ताजी हो गयी थी।

एक दिन की बात कि बुढ़िया कहीं बाहर गयी हुई थी। दो दिन तक न आयी। उसके पीछे गाय को किसी ने घास न डाला, न पानी ही पिलाया। घास पानी के अभाव में दूध कहाँ से देती? बुढ़िया का छैला बिना दूध रह गया तो उसने गाँय को खूब मारा। पर घास पानी की न पूछीं। बछड़ा भी भूखा था। छैले के जाते ही खूँटा पड़ा लिया और गाँय के नीचे चूँघने लगा। छैला तो जल्दी ही चला गया था पर बछड़ा कहाँ जाता? वह थनों में लगा रहा। गाय कूदती रही। दूध तो था ही नहीं। बछड़े के दाँत थनों में लग गये। बछड़ा फिर भी न हटा। गाय उससे पिण्ड छुड़ाने के प्रयत्न में इधर-उधर दौड़ने का प्रयास कर रही थी, तो रस्सी टूट गयी और स्वतन्त्र हो गयी। बछड़ा भी उसके साथ था। उस दिन की निकले गाय बछड़े का आज तक पता नहीं चला।

बुढ़िया जब लौटी तो बिजली ही टूट पड़ी। दूध के अभाव में उसका चहेता छैला भी उसे छोड़कर अलग हो गया। परिजन और कमेरों में भी असन्तोष बढ़ने लगा और जमीन्दारी चौपट हो गयी। काम धाम कोई नहीं करता, सबको एक दूसरे से अधिक माल पा जाने की चिन्ता। बुढ़िया का साहस तो जैसे टूट ही गया। वह भाग्यवादी हो गयी और अपने हाथ की रेखाएँ गिनने बैठ गयी। परिजन प्रतीक्षा करते रहे कि कब मरे और कब जायदाद बँटे। कुछ ने तो फुस-फुस भी शुरू कर दी। स्वार्थ ने उनका आवा का आवा बैठाने की ठान ली।

क्याऽ? मैं तेरी नौकर लगी हूँ जो बर्तन फोडूँ। अभी तो हाथ-पाँव चलते हैं। किसी का दिया नहीं खाती, जो सुनूँ। तू तो राँड कल आयी, मैंने तो उसकी भी नहीं सुनी जो मुझे...

8

तूफानी रात

इतनी अंधेरी रात शायद पहले कभी न हुई होगी। तूफान अलग। वातावरण का अंधकार मेरे जीवन का अन्तरंग बन रहा था और भयावह तूफान शरीर को ही नहीं मेरे सम्पूर्ण कैरियर को निगलने को आतुर। मुझे स्वयं न पता था कि यह अंधेरा और तूफान तो सुबह तक छँट जायेगा पर मेरे जीवन में आया हुआ तूफान कभी न छँटेगा।

दरवाजे पर किसी ने दस्तक दी है, जानते ही मैं उठा और किवाड़ खोल दिये। रोशनी तो गुल थी पर बिजली की चमक में मैंने देखा, बाहर गली में पुलिस की जीप खड़ी है। मेरे तो जैसे होश ही उड़ गये।

'रजनी कान्त शर्मा यहीं रहते हैं?' जिस सिपाही ने दस्तक दी थी, उसी ने ऐसे भाव से पूछा था कि उत्तर प्रश्न में ही निहित था। मैंने केवल 'हाँ' में गर्दन हिलाई तो 'उसका वारण्ट है' सिपाही ने एकदम नीरस स्वर में कह दिया था। 'क्या' मेरे मुँह से निकल गया। मैं अवाक, हक्का बक्का। 'यानी कि तुम रजनीकान्त हो' सिपाही ने नि:संकोच अपना निर्णय सुना दिया। हाँ, निर्णय ही था। तब तक जीप में से दरोगा और हवलदार भी उतर आये थे।

'आपको इसी समय थाने चलना होगा', दरोगा ने कहा था।

'क्यों, बात क्या है?' किसी तरह मेरे मुँह से निकला और ''आपकी पत्नी निर्मला शर्मा ने आत्महत्या करली है। उसके पास से उसकी अपने पिता को लिखी एक चिट्ठी मिली है, जिससे संकेत मिलता है कि उसे तंग किया जा रहा था। नाम कोई स्पष्ट नहीं है आपसे पूछताछ करनी होगी। लाश को पोस्टमार्टम के लिए भेज दिया गया है,'' दरोगा ने एक ही साँस में बता भी दिया।

'लेकिन वह तो बहन के साथ पिक्चर देखने...'मैं कह ही रहा था कि दरोगा ने पूछा, 'आपकी बहन कहाँ है? उसे भी चलना होगा' मैंने सुन लिया था और बस। इसके बाद क्या हुआ और क्या नहीं मुझे नहीं पता।

जब मैं होश में आया तो अस्पताल में था। पुलिस के पहरे में। पिताजी पास ही बैठे थे। मुझे होश में आया देख उनके चेहरे पर प्रसन्नता की लहर दौड़ गई थी। 'अब क्या हाल है?' उन्होंने पूछा था। और मैं कुछ न बोल सका था। मेरा मन उद्वेलित हो रहा था। 'अब क्या होगा? किसने क्या कहा है?' मैं जानना चाहता था। पर बोलने की न हिम्मत थी और, और न शक्ति।

''पोस्टमार्टम की रिपोर्ट आ गई है दुर्घटना, हत्या या आत्महत्या अभी स्पष्ट नहीं है। पेट और मस्तिष्क का कुछ हिस्सा, पेट से मिले पदार्थ और दो तीन अन्य हिस्से परीक्षण के लिए भेजे गये हैं। देखें क्या होता है? मुन्नी, उसके साथ पिक्चर देखने जाने वाली थी पर तुम्हारी माँ गई थी। कहती है कि मुझसे तो सब्जी मण्डी में बिछुड़ गई, बड़ी तलाश की, पर मिली नहीं। गनीमत है नहीं तो मुन्नी को हिरासत में ले लिया जाता। बहू ने अपने पिता को अन्तर्दशीय लिखा था। उसमें घर की घटनाओं का कुछ जिक्र है, उसी को पुलिस ने आधार बनाया है। और कोई दरोगा होता तो बाह्-साफ हो जाती, पर यह तो न किसी की सुनता है न लेता है। नया छोकरा है, दुनिया का तजुर्बा है नहीं। सिद्धान्तवादी बनता है, साफ कह दिया, 'मेरी भी माँ और बहन हैं, आपको ईश्वर की सौगन्ध है यदि मेरे काम में किसी भी तरह से दखल दिया।, पिताजी ने सब कुछ कह दिया था। मेरी स्थिति को देखते हुए शायद वे कभी भी ऐसा कुछ न कहते, न जिक्र ही करते। पर यही तो उन्हें समय मिल गया था, ब्रीफ करने का। फिर तो समय न मिलने का भय था। जमानत भी न हुई। कोर्ट से ही होगी। कल सुबह मामला कोर्ट में पेश किया जायेगा। समझ में नहीं आ रहा कि क्या करूँ? क्या बयान दूँ? क्या सब कुछ सच सच कह दूँ? क्या निर्मला को मुझसे किसी प्रकार की शिकायत हो सकती है? नहीं, बिल्कुल नहीं। वह तो मेरे सामने औरों की शिकायत भी नहीं करती थी। पर क्या मुझे कुछ भी पता न चला? सब कुछ तो जानता हूँ उसके साथ क्या-क्या गुजरी? तीन साल शादी को हो गये। पता नहीं इन परिस्थितियों में वह कैसे जिन्दा रही? मुझे नहीं लगता कि उसने आत्महत्या की हो। कहीं माँ ने उसे रेल के नीचे तो नहीं फिंकवा दिया। उसे आत्महत्या करनी होती तो बहुत पहले कर ली होती, अब तक का भी इन्तजार

क्यों करती? अब ऐसा क्या हो गया जो पहले नहीं था और उसने आत्म हत्या कर ली? ओफ! काश मैंने स्थिति को संभालने का प्रयास किया होता!! मूक दर्शक न रहा होता!! ओफ–शादी के दिन जब लोग उसके रूप की बड़ाई करते न अघाते थे, भाभी ने इसी के सामने पड़ोसिन से कहा था, 'क्या लाई है? आजकल इतना तो भिखारी भी अपनी लड़की को दे देते हैं।...जब मैं आई थी तो 'और मैं सुनकर भी अनसुनी कर गया था। क्या मुझे मालूम नहीं था कि वह क्या लाई थी? पर निर्मला से जब भाभी के बारे में जानना चाहा था तो बोली थी, 'बहुत अच्छी हैं, मुझे तो बड़ा प्यार दिया है इन्होंने। मैं तो यहाँ अपने घर को भी भूल गई हूँ।'

बाद में भी कौन सा दिन गया, जब भाभी ने उस पर कुत्ते-बिल्लियों के माध्यम से फब्तियाँ नहीं कसीं? पर तीन वर्ष में एक दिन भी तो उसने शिकायत नहीं की।

माँ का व्यवहार शुरू में तो बहुत ही अच्छा था, पर कुछ तो भाभी की बदौलत और कुछ दो दिन के लिए मामी यहाँ क्या रह गई, बस कौंच का बीज बो गई। वही माँ जो बड़ाई करती न अघाती थी, शिकायतों की झड़ी लगाने लगी। कुछ करती नहीं। जब देखों बातें। खिखी, खिखी हँसती रहती है, न छोटों का खयाल न बड़ों का। घर गई थी एक चीथड़ा भी तो नहीं लाई। ब्याह में तो जैसा लाई सभी जानते हैं, बाद में भी कुछ नहीं। कह दिया तुझसे इस बार दस भार सोना न लाई तो आने की जरूरत नहीं। और बहन! कितना प्यार करती थी कभी निर्मला से। पर इसे भी तो घर में ही रहना था। जब माँ और बड़ी भाभी का स्वर विरोधी है और निर्मला मुँह खोलना नहीं जानती तो यह भी क्या करे? दो चार बार तो छोटी भाभी का पक्ष लिया, पर क्या बनता है? मुझसे शिकायत की तो मैंने ध्यान नहीं दिया। पिताजी से कहा तो उन्होंने उल्टे समझाया, 'औरतों की बातें औरतों में ही रहनी चाहिए। मर्दों के पास फिजूल की बातें सुनने का वक्त नहीं होता। तुम अपनी माँ से कहो कि दोनों को बराबर समझे। किसी के लेने-देने से कोई साहूकार नहीं होता। फिर हमारे यहाँ किस चीज की कमी है?' बस फिर क्या था? यह भी पहले तो न्यूट्रल हुई, फिर माँ और भाभी के साथ हो गई। किन्तु सहानुभूति इसकी निर्मला के ही साथ रही है।

पिता जी, जैसे घर है ही नहीं। घर में कौन मरता है, कौन जीता है, कोई चिन्ता नहीं। चिन्ता है तो अपने धन्धे की। कौन सी दुकान का रुख किधर है?

कौन सा मैंनेजर आँख दिखाने लगा है। उसे बदला जाना है। और कौन सी दुकान की बिक्री घट गई है। पता नहीं चिता के निकट पहुँच कर भी इन्हें क्यों इस सब की चिन्ता पड़ी है? अब इनके दिन ईश्वर की उपासना करने के हैं, पर ये हैं कि जैसे सब साथ लेकर ही जायेंगे। इनसे कोई पूछे कि जिनके लिए सब कर रहे हैं, अब क्या उन्हीं पर जिम्मेदारी छोड़ देना उचित नहीं है? पर नहीं, उन्हें तो ये अभी भी दूध पीते समझते हैं, बात-बात पर डाँट देते हैं। किन्तु घर में चाहे जैसा महाभारत हो, इन्हें चिन्ता नहीं।

और भाई साहब! भाभी जो कह दे वही सही। सही क्यों न हो, माँ भी तो वही कहती है। विरोध तो कोई करता नहीं। फिर सही ही होगा। लोभ की सीमा नहीं। सारी दुनिया को अपना कर ले। भला निर्मला को डाँटते इन्हें शर्म नहीं आती। यदि वह किसी दिन मुँह खोल देती तो। लेकिन कहाँ? उसने मुँह खोलना तो सीखा ही न था। वह तो त्याग की प्रतिमूर्ति थी। इतना कच्चा दिल नहीं था उसका कि आत्महत्या करती? जरूर इसमें किसी का हाथ है। हाँ जरूर माँ का हाथ है, उसने ही मरवाया होगा। किसी के हाथों रेल के सामने फिंकवा दिया होगा। अँधेरा तो हो ही गया था, कौन जानता है? किसने देखा है? क्या पता पास से गुजरते हुए अपने आप ही धक्का दे दिया हो?' 'किसने धक्का दे दिया हो?' पिताजी ने पूछा था। वे भी तो मेरे साथ ही नजरबन्द हैं। आखिर शब्द मेरे मुँह से अनजाने में जोर से निकल गये थे। सोचते, सोचते आभास ही जो न रहा था कि सोच रहा हूँ। सब कुछ तो सामने ही घटित होता लग रहा था। 'माँ ने' मैंने कह दिया था।

'क्या बकते हो?' वे तड़प उठे थे। 'अब इसी की कमी रह गई है। नाश तो पहले ही हो चुका। बहू का मरना अलग, बेइज्जती अलग और अब यह हिरासत। ऊपर से तुम चाहते हो कि तुम्हारी माँ भी कोर्ट कचहरी के चक्कर लगाती फिरे?'

'मैंने यह कब कहा, मैं...तो'

'चुप रह मैं तो के बच्चे। अगर तुम किसी लायक होते तो यह नौबत न आती।' उनका क्रोध उत्कर्ष पर है।

'सो तो है' मैंने सोचा। बोला कुछ नहीं।

'क्या बात है पण्डित जी? रात भर नींद तो नहीं आयी होगी? पर क्या करूँ,

मैं भी लाचार हूँ। ऊपर से ही आदेश है कि इस तरह के मामले में थाने में जमानत नहीं ली जानी चाहिए। चलो अब तो थोड़ी ही देर की बात है। कोर्ट से जमानत तो हो ही जायेगी।'' दरोगा ने अपनी स्थिति स्पष्ट की। जो सुबह सवेरे मुजरिमों को देखने आया था और जिसकी आखिरी बात से मुझे ऐसा लगा जैसे व्यंग्य कर रहा हो कि 'तुम्हारे बेटे की तो और शादी हो जाएगी, मरने वाली तो गई।'

दरोगा कहकर दूसरी कोठरी की ओर निकल गया। पिताजी अपने सोच में डूब गये हैं और मैं अपने।

दो महीने भी तो नहीं बीते जब मैं उसे उसके मैंके से लेकर घर पहुँचा तो भाभी ने इसका स्वागत 'फिर आ गयी कुलच्छिनी दुख देने' कहकर किया था। पैर पड़ने लगी तो वह दूर हट गई थी। और माँ! वही राग। एक बड़ी बहू है कि घर में रौशनी रहती है, यह आती है तो जैसे अँधेरी रात। कलमुँही जब से इस घर में आई किसी ने हँसकर नहीं देखा। न खुद ठीक रहती है और न घर-परिवार को ही रहने देती। सैकड़ों रुपये महीना तो डाक्टरों और दवाइयों पर जा रहा है और जो यह लाती है किसी को दिखा भी नहीं सकते। यह मरे न फिरासत कटे। हम तो अपने रजनी की दूसरी शादी कर लेंगे। दुनिया की बहुएँ गोली खाकर, तेल छिड़ककर, कुएँ में कूदकर मर रही हैं, पर इसके नाम के तो ये सब भी जल गये। पता नहीं किस घड़ी इसके पैर घर में पड़े थे।'

और एक मैं था। जैसे निर्मला से सिर्फ कहने भर का रिश्ता हो। इसकी कभी भी चिन्ता नहीं की। यदि यह शिकायत नहीं करती थी, तो क्यों मैं चुप रहा? क्या मुझे सब पता न था। यदि निर्मला ने आत्महत्या की तो क्या इसके लिए मैं सिर्फ मैं ही जिम्मेदार नहीं हूँ? क्यों दोष दूँ भाभी और माँ को? मैंने भी इसके लिए क्या किया? क्या पति का यही फर्ज है जो मैंने निभाया कि शादी की और लाकर जेल में डाल दी। सिपाही आ रहे हैं शायद समय हो गया है? कोर्ट में चलना है! मेरे बयान और वकील की योग्यता पर ही निर्भर है, मेरी जमानत और सारे मुक्दमे का दारोमदार।

9
ऐसा भी हो सकता है

दस वर्ष हो गये इस लाइब्रेरी की धूल झाड़ रहा हूँ। हाँ, छठी में पढ़ता था तब से और अब एम.ए. का आखरी साल है। धूल इस मायने में कि हवड़ा जैसी जगह में बाँधा घाट चौराहे के पास यह लाइब्रेरी अनेक बेहतरीन और पुरानी किताबों से भरी पड़ी है और लोग दूर-दूर से यहाँ अध्ययन करने आते हैं। समीक्षक डॉ. राम विलाम शर्मा ने जब महाप्राण निराला पर निराला कार्य किया तो उन्हें भी इसी पुस्तकालय की शरण लेनी पड़ी थी। खैर, लाईब्रेरी से बाहर निकलते ही बांई ओर दस कदम पर एक चाय वाला बैठता है। पढ़ते-पढ़ते जब मानसिक थकावट महसूस करने लगते हैं, तो यहीं आकर चाय पीते हैं और कुछ देर बैठकर गपशप करने के बाद पुनः पुस्तकों में खो जाते हैं।

इस दुकान का मालिक शायद ही कभी दिखाई पड़ा हो, किन्तु सुरेन दा चौबीसों घण्टे बैठा मिलता है। कितना मन लगाकर चाय बनाता है यह। हुगली पार, इससे अच्छी चाय शायद कहीं मिले। मैंने तो कहीं अभी तक नहीं पी।

पता नहीं कैसे यहाँ की चाय पीने का चस्का मुझे लगा? पहली बार कब पी थी बिल्कुल ध्यान नहीं है। ध्यान है, तो सिर्फ, इतना कि मैं रोजाना दो-तीन बार यहाँ आकर चाय पीता और अपने आप को अधिक स्वस्थ महसूस करता हूँ। पिछले कई वर्ष से तो स्थिति यह है कि एक बार तीस चालीस रुपये दे देता हूँ। चाय का ताँता जारी रहता है। महीने पर पूछता हूँ कि हिसाब किताब क्या हो गया है तो सुरेन दा देखकर बता देता है 'अभी इतने बाकी हैं' या 'इतने रुपये ऊपर हैं।, 'ऐसी नौबत कभी नहीं आई कि उसने बताया हो कि अब उधार

बहुत हो गया है। पता नहीं उसकी आदत ही नहीं है या मैंने ही कभी मौका नहीं दिया?

कल पता नहीं अचानक इसे क्या हो गया कि जब मैं अपने दो मित्रों के साथ चाय पीने पहुँचा और तीन चाय का आदेश दिया तो उत्तर मिला 'अब से उधार नहीं चलेगा।'

मैं चौंका। 'क्यों दादा क्या बात हुई' मैंने पूछा था। 'बात कुछ नहीं' उसने सीधा और साफ उत्तर दिया। मेरी जेब में एक पैसा भी न था। चाय पीना जरूरी था, नहीं तो मित्रों के सामने बेइज्जती। पर क्या करता? अपनी झेंप मिटाने के लिए मैंने पूछ लिया, अभी जमा कराये थे, पैसे बाकी होंगे तुम चाय बनाओ।'

'दादा! थोड़ी देर एक टु आगे जो चा खाया, उसके साथ पाक साफ हो गया है। अब न देने का है और न लेने का। पाकेट में पैसा हो, तो बनाऊँ।'

'नहीं' अब यहाँ चाय ही नहीं पीनी' अपनी नाक कुछ बच गई थी। दोस्तों के सामने उसने यह तो स्वीकार कर ही लिया था कि मेरे भी पैसे उसके पास रहते थे और क्योंकि जेब में एक पैसा भी न था, इसलिए मैं खिसक जाना चाहता था।

'नहीं, हम चाय यहीं पियेंगे' अम्बिका ने कहते हुए आदेश दे दिया था, 'तीन चाय बनाओ।'

मैं उसके मुँह की ओर ताक रहा था। सरे आम बेइज्जती। किन्तु करूँ तो क्या?

'मैं पैसा नहीं दूँगा' मैंने कहने में संकोच नहीं किया।

'तुम क्यों दोगे? जो आदेश दे रहा है वह देगा' मुंशी ने बात स्पष्ट कर दी।

'तुम समझते हो कि मैं टटपुंजिया हूँ' कहते हुए अम्बिका ने पाँच का एक नोट निकाला और सुरेन दा की ओर बढ़ाया, तो उसने नोट को इतनी जल्दी से गप लिया कि जैसे उसे उम्मीद ही न हो, पैसे मिलने की। इसके बाद ही उसने चाय बनाना शुरू किया। उस चाय में कुछ अधिक मजा आया। चुस्की भरते हुए अम्बिका ने बात छेड़ी, 'प्यारे तुम सुरेन दा को नहीं जानते। बड़ा दिलेर आदमी है।' और फिर जैसे कुछ ध्यान आ गया हो, 'सुरेन दा! कल जरा अच्छी तरह धुले हुए कपड़ों पर इस्त्री वगैरा करके रखना। मैं तुम्हें लेने आऊँगा।'

'कहाँ के लिए' उसने विस्मय से पूछा तो अम्बिका ने उत्तर दिया 'कहीं नहीं, बस टालीगंज तक चलना है। मेरा दोस्त है न निरुपम।'

'निरुपम सोम'। सुरेन दा ने जताना चाहा कि वह भी कुछ जानता है किन्तु अम्बिका ने नीचे बैठा दिया।

'अरे नहीं, निरुपम दे, उसकी फिल्म बन रही है 'घाघरे में धूम-धाम'। फिल्म में एक जगह कैण्टीन-मैनैजर का रोल है। इद्रिस को तो जानते ही होंगे 'इस बार अम्बिका जान बूझकर रुक गया कि सुरेन कुछ कहे और वास्तव में सुरेन दा बोल उठा, 'हाँ दादा इद्रिस मियाँ को कौन नहीं जानता' और अम्बिका ने उसे और नीचे धँसाते हुए कहा, 'तुम भी रहे मिट्ठू के मिट्ठू। एक 'मेहता काण्ड' क्या हो गया कि इद्रिस मियाँ, इद्रिस मियाँ। अरे वह गया ऊपर। उसके साथ दो चार भाई और जाने का इन्तजार कर रहे हैं। पर मैं इद्रिस हुसैन की बात कर रहा हूँ। वही विलेन है फिल्म में। उसकी पर्सनैलिटी का जवाब तुम्हीं दे पाओगे, और तो कोई निगाह में नहीं आता। तुम्हें उससे दो चार बातें करनी होंगी, बस डायलॉग वहीं बता दिया जायेगा। बातों-बातों में गुस्सा आयेगा और वह तुम्हें एक ऐसा घूँसा देगा कि धूल चाट जाआगे। यही रौल है', अम्बिका ने सम्पूर्ण भूमिका से अवगत भी करा दिया था।

अब तक हमने चाय पी ली थी। पहले मैं ही उठा। मुंशी और अम्बिका भी उठ खड़े हुए। सुरेन दा ने बाकी पैसे बढ़ाते हुए कुछ कहना चाहा 'दादा, ये...'

'हिसाब कल हो जायेगा। लेकिन तुम भूल मत जाना। मैं ठीक साढ़े नौ बजे आऊँगा। अपने स्कूटर पर ही ले चलूँगा। सत्यजीत दा से कहकर मैं चला आऊँगा। मुझे और भी काम हैं, अम्बिका ने कहा और सुरेन दा क्या उत्तर देता है, उत्तर देता भी है कि नहीं, इसकी परवाह किये बिना आगे बढ़ गया।

अगले दिन नौ बजते बजते सुरेन दा चमचमाती हुई मैंनेजरी पोशाक में दुकान पर पहुँच गया। चाय के काम के लिए पहले ही अपने भाई को भेज दिया था। सुरेन दा ने उसे दो चार प्रबन्धकीय हिदायतें देते हुए चाय पीने वालों का ध्यान अपनी ओर आकर्षित किया। इसी बीच तीन बार अपनी क्रीज ठीक की और दो बार घड़ी देखी। फिर चौराहे की ओर निकल गया। घड़ी ने साढ़े नौ बजाये और सुरेन दा की निगाह दुकान पर पड़ी। उसकी निगाहें किसी को खोज रहीं

थीं, किन्तु जिसे खोज रही थी उसका कहीं पता तक न था। नजरें हर आने जाने वाले को बींध जाती। स्कूटर वाले का पीछा तब तक करती जब तक वह आँखों से ओझल न हो जाता अथवा कोई दूसरा न दिख जाता।

इसी तरह दस, साढ़े दस और फिर ग्यारह बज गये। सुरेन दा की सहन-शक्ति जवाब दे गई थी। उसने देखा कि धर्मतल्ला जाने वाली मिनी तैयार है। वह उसमें चढ़ गया। भीड़ अब तक काफी छँट चुकी थी। इसलिए बैठने की जगह मिल गई। रास्ते में भी उसकी नजरें हर आने जाने वाले पर पड़ती और उसे ठोक बजाकर परखती रही।

धर्मतल्ला से सीधे टॉलीगंज। 'शायद किसी की दृष्टि पड़ जाये और सिचुएशन के अनुसार पाकर स्वयं ही बुला ले जैसे कल अम्बिका ने पहचान लिया था। या फिर किसी कारण से वह सीधा स्टूडियो पहुँच गया हो और मुझे देखकर भूमिका के लिए इन्वाइट कर दे। पर वहाँ कुछ न हुआ और वह अपना सा मुँह लिए मई की तेज धूप की गर्मी झेलता हुआ चार बजे बाँधा घाट पर पहुँचा, भाई से चाय बनाने को कहा और डबल रोटी का एक पैकट खोलकर खाना शुरू कर दिया। जब तक चाय तैयार हुई, सभी पीस उसके पेट में जा चुके थे। दो गिलास पानी पीने के बाद ही चाय का कप संभाला। मन ही मन कितनी गालियाँ दी थी उसने अम्बिका को 'स्साला, आ जाये तो मुँह नोच लूँ।' वह सोच रहा था।

इधर साढ़े चार बजे और अम्बिका का स्कूटर धड़धड़ाता आकर रुका। सुरेन दा ने देखा पर इससे पूर्व कि मुँह खोले सुनाई पड़ा कि "तुम बड़े कमाल के आदमी हो सुरेन दा, मैं तुम्हें खोजकर हार गया और तुम्हारा पता ही नहीं। आज दुकान पर भी पता नहीं किसे बैठाया हुआ था। मैंने कहा था कि यहीं मिलना, लेने आऊँगा। पर साहब का पता ही नहीं। वास्तव में कितने जँचते, तुम उस रौल में। अब हार कर एक चींगड़े को लेना पड़ा है। काम तो सस्ता ही बन गया, कुल पाँच सौ में। तुम्हें तो कम-से-कम दो हजार देने पड़ते। पर मेरी खूब बेइज्जती कराई। मैं तो सत्यजीत दा को कहके आया था कि इतनी अच्छी पर्सनेलिटी दूँगा कि इद्रिस की सही जोड़ी बन जायेगी पर तुम ऐन वक्त पर धोखा दे गये।" उसने स्कूटर पर बैठे-बैठे ही कहा तो सुरेन दा को काटो तो खून नहीं।

'मैंने तो ग्यारह बजे तक इन्तजार किया। फिर टालीगंज चला गया कि शायद वहीं मिलो। वहाँ से अभी लौटा हूँ!' सुरेन दा किसी तरह कह पाया।

'कुछ और इन्तजार नहीं कर सकते थे? मुझे तो दिन निकलते ही स्टूडियो जाना पड़ता है। सोचा था तुम तो तैयार होगे ही, इसलिए ठीक आवश्यकता पड़ने पर बुलाने आया। पर तुम गायब मिले। खैर, कोई बात नहीं। यह कोई आखिरी फिल्म थोड़े ही है। इसमें नहीं तो अगली में सही।'

इसी दौरान मैं और मुंशी भी चाय पीने पहुँच गये थे। हमें देखते ही उसने फिर सम्पूर्ण किस्सा कह सुनाया। अब तक चाय बन कर तैयार थी। तीन तश्तरियों में खोऐ की बर्फियाँ, गुलाब जामुनें और नमकीन सज गयी थी।

'वो तो देखा जायेगा दादा, चाय तो पी लीजिए' सुरेन दा ने आग्रह किया तो अम्बिका ने स्कूटर को स्टैण्ड पर खड़ा कर दिया और फिर हम तीनों जम गये।

चायपान के बाद चलने लगे, तो सुरेन दा ने अम्बिका की ओर पाँच का नोट बढ़ाते हुए कहा 'दादा ये कलवाले पैसे।'

अम्बिका को तो जैसी इसी घड़ी की प्रतीक्षा थी। उसने नोट को जेब में डालते हुए कहा 'इसकी क्या जरूरत थी दादा और हाँ, कल की चाय के तो काट लिये होते।' किन्तु किन्तु सुरेन दा का उत्तर सुनने से पूर्व हम तो पुस्तकालय की ओर बढ़े और अम्बिका ने भी किक लगाते हुए स्कूटर को आगे बढ़ा दिया था।

10
एक और माँ

सम्पूर्ण पृथ्वी मानों हिल उठी। परिवार में कुहराम सा मच गया। पशु भी रुआँसी मुद्रा लिए और पक्षी, वे तो जन-जन का साथ सदा से देते आए हैं। फिर भला उस दिन क्या विशेष घटता? वे अपने विशेष शब्दों में हृदयों को खोलकर रखने का प्रयत्न करते। वैसे सफल भी होते थे या नहीं इसके बारे में जानने और सोचने का वहाँ किसी के पास समय न था।

प्रकृति ने शायद साथ देना उचित समझा और सूर्य ढल गया। 'गाड़ी आने में एक घण्टा और है।' एक गठीले बदन के बीस-बाईस वर्षीय नवयुवक ने अपने निकट बैठी युवती से कहा तो युवती के मुख से निकला, 'जी'।

वातावरण फिर स्तब्ध हो गया। ठीक उसी तरह जैसे इन दो तीन शब्दों के पूर्व था। ऊपर, नीम के वृक्ष की पत्तियों में कोई पक्षी पंख फड़फड़ाता तो स्तब्धता टूटती। ग्रामीण क्षेत्रों में भारतीय रेल सेवा में टेशन पर खड़े नीम के वृक्ष तपती दोपहरी में कितने काम आते हैं, इसका आभास प्रतिदिन के यात्री को भले ही न हो किन्तु कभी कभार आने वाले नगर के हर यात्री को होना स्वाभाविक होता है।

और यहाँ अभी रात के दस बजकर पाँच मिनट हुए थे। गाड़ी आने का समय ग्यारह बजकर पाँच मिनट...यानी पूरा एक घण्टा शेष।

बाँयी तरफ फैले अंधकार में कुछ दूर टिकट घर में रखे दीपक का धुँधला प्रकाश ही एकमात्र सहारा था। नीम के हिलते हुए पत्तों की सनसनाहट उस युगल को किसी विशेष घटना का स्मरण करा रही थी। युवक का मन चंचल हुआ

तो उसने ध्यान बँटाने का प्रयत्न करते हुए पूछ लिया, 'पिताजी अभी तक नहीं आये', उसे आशा थी कि वह कुछ जवाब देगी और बातें चल पड़ेंगी। लेकिन आशा के विपरीत युवती ने केवल 'जी' कहा। अन्धकार में ये शब्द भी विलीन हो गये, जैसे किसी अन्य शब्द को स्थान देने के लिए।

कुछ समय और बीता तो पास ही से गुजरती सड़क पर टापों की ध्वनि सुनायी दी। 'शायद पिताजी आ गये सूचि।' युवक के मुँह से निकला तो युवती ने फिर वही उत्तर दिया, 'जी'।

ध्वनि जिस गति से निकट आयी थी, उसी गति से दूर होती चली गयी। युवक सोच में डूब गया। उसे ध्यान आया, 'जब मैं सूचि के साथ पालकी से उतरा था, तभी डाकिये ने आकर कहा था,

'साहब तार आया है।'

किसका' पिताजी ने पूछा था।

'प्रवेश बाबू के नाम है।'

'क्या है?'

'अंग्रेजी में है साहब।'

मैंने कितनी शीघ्रता से हस्ताक्षर करके तार लेकर पढ़ा और एक क्षण सोचकर पिताजी की तरफ बढ़ा दिया। उन्होंने भी देखा, कुछ रुककर बोले, 'क्या करेगा प्रवेश ?'

'जाऊँगा पिताजी', मैंने उत्तर दिया।

'आज ही'

'जी, रात वाली गाड़ी से।'

'लेकिन...'

'मैं भी तो कुछ नहीं कर सकता। आप ही बताएं, अगर आप मेरे स्थान पर होते तो क्या करते?' वे कुछ न बोले तो मैंने ही कहा था, 'इस बार उन पाकिस्तानियों को सदा के लिये समाप्त कर देना होगा। हमारे देश की विपत्ति हमारी ही है और फिर मैं तो एक फौजी हूँ। अपना तो पाठ ही राष्ट्र के नाम से आरम्भ होता है। पिताजी, जब मेरे कान में 'जय हिन्द' शब्द पड़ता है तो

पूछिये मत, यही चित्र मेरी आँखों के सामने घूम जाता है' घर के द्वार पर लगे नेताजी सुभाष चन्द्र बसु के चित्र की ओर हाथ करके जैसे मैंने उनसे नहीं अपने आप से कहा हो। घर की प्रसन्नता पर ताला पड़ चुका था। इसी वातावरण में मैं अपना बिस्तर-बन्द सँभालने लगा था।

माँ ने पीछे से आकर पुकारा था, 'बेटा!'

'क्या है?' मैंने झल्लाते कहा तो उन्होंने अपनी आँखें पोंछ लीं। कुछ देर के बाद पिताजी के किसी मित्र ने उनसे कहा, 'अरे यार' तू भी तो फौजी था प्रवेश तेरा ही बेटा है। फिर दिल इतना क्यों छोटा करता है? चल...अरे, चलता क्यों नहीं?' तो पिताजी ने उत्तर दिया था, 'भैया, मैं चाहे कुछ भी हूँ और कुछ भी रहा होऊँ। लेकिन फौजी रहा हूँ। देश की स्वतन्त्रता के लिए भी दो-चार बूँदे बहाई हैं। अपने बेटे को भी रोकना नहीं चाहता, लेकिन तुम यह क्यों भूल जाते हो कि मेरा दिल एक बाप का दिल भी है!' माँ किसी से कह रह थी, 'आज ही तो विवाह हुआ है। मुँह भी नहीं देखने पाया कि तार आ गया। वह डाकिया भी कितना कम्बख्त है, तार भी आज ही लाना था इसे' और फिर किसी बात का उत्तर देती हुई बोली थी, 'परमात्मा से मेरी ही तो कोई दुश्मनी नहीं है।' 'सर्वेश्वर सभी की सुनता है।' चलती हुई बातों में से किसी का उत्तर देते हुए उन्होंने कहा था, 'मैं...मेरी भी तो यही कहानी है बहन! मेरी भी जिन्दगी यूँ ही बीत गयी रोते-रोते और अब भी क्या कहूँ? तुम्हें तो पता है। विवाह की तिथि भी तो तीन बार बदली थी।'

जब मैंने तांगे में सामान रखवा कर माँ एवं पिताजी के पैर छूकर गर्दन घुमायी तो 'सूचना' तांगे में बैठ चुकी थी। मन को कुछ शान्ति मिली लेकिन दिखावटी गुस्से से बोला, 'यह क्या है, पिताजी?' 'कुछ नहीं बेटे टेशन तक छोड़ आयेगी और' वे कुछ कह नहीं सके। वे मुझे और मैं उन्हें देखता रह गया। उनकी आँखें भीगी थी। चलो बैठो, मैं घोड़े से आ रहा हूँ,' उन्होंने कहा था।

युवक सोच ही रहा था कि घोड़े के टापों से उसका ध्यान फिर टूटा, 'क्या है, इस बदतमीज सड़क को भी स्टेशन के पास ही होना था?' उसके मुख से निकला तो युवती का फिर वही स्वर सुनाई दिया, 'जी'।

युवक अपनी हँसी न रोक सका, 'जी' 'जी', तो कर रही है लेकिन शरीर में भी 'जी' है कि नहीं-उसने हँसते हुए कहा तो उत्तर में फिर वही 'जी' पाकर खिलखिला उठा।

तांगे वाला घोड़ा हिनहिंनाया तो तांगे पर आये नौकर ने उसे पुचकारा। दूसरी ओर से भी हिनहिनाने की आवाज आई। नवयुवक उठा, 'सूचि, पिताजी आ गये', उसने कहा, 'जी' युवती ने फिर वही उत्तर दिया।

'गाड़ी नहीं आई बीरे।' आगन्तुक ने उस नौकर से पूछा, जो तांगा लाया था। 'नहीं साहब, अभी-अभी घण्टी हुई है' नौकर ने उत्तर दिया था। और नवयुवक को जिसका नाम प्रवेश था, तभी ध्यान आया कि कुछ ही देर पहले घण्टी हो गयी है, अब गाड़ी आने वाली है।

'वे कहाँ हैं?'

'नीम के नीचे बैठे हैं, साहब।'

'ठीक है अब तू जा।' आगन्तुक ने नौकर से कहा तो वह कुछ झिझका, 'साहब मैं...'

'अच्छा-अच्छा, साथ ही चलना' कहते हुए अधेड़ सी आयु के कुर्त्ता-धोती पहने दुपट्टा बाँधे हाथ में कान तक की लाठी लिए हुए पुरुष ने घोड़े से उतरकर नौकर को घोड़ा थमाया और उस युगल की ओर बढ़ा।

जब उसने देखा कि बहू (युवती) वही घुटनों तक का घूँघट निकाले जमीन पर बैठी है और प्रवेश सिमेण्ट की सपील पर, तो कह उठा 'अरी बेटी नीचे क्यों बैठी है? और प्रवेश तुझे क्या हरेक बात समझानी पड़ेगी, क्या तू इसे ऊपर नहीं बैठा सकता था?

'पिताजी मैंने तो...'

'हाँ, हाँ, मैंने तो कहा लेकिन...'

इसी समय गाड़ी टेशन पर पहुँची तो नौकर भी दौड़कर आ गया। (तीनों ने मिलकर सामान गाड़ी में रखा और फिर प्रवेश ने पिताजी के पैर छुए। संरक्षक (गार्ड) ने सीटी बजायी और गाड़ी धुक-धुक करती हुई चल दी। घूँघट में बैठी युवती की धड़कनों के साथ एक तार हुए, एकतानता लाते हुए।

सूचना के हाथ प्रवेश के पैरों तक गये और वह कह उठा, 'बस-बस कोई देख लेगा।' 'अरे बदमाश।' उसके पिताजी ने कहा और वह दौड़कर गाड़ी में चढ़ गया। वीरान हृदय और टेशन एक समान रह गये। एक-दूसरे का एकाकीपन निहार कर जीवित रहने अथवा अपना अस्तित्व बनाये रखने के लिए।

गाँव के छोटे से टेशन पर रुकना तो दूर, इस रेल मार्ग से, अब प्रात: तक कोई गाड़ी आने वाली नहीं थी। इसीलिए सभी रेल कर्मचारी अपने बिस्तर बिछा रहे थे, दीप भी बुझा दिया गया था।

'प्रवेश भी लड़ाई पर चला गया' अधेड़ पुरुष सोच रहा था। सूचना तांगे में आकर बैठी और नौकर हाँक कर चला। प्रवेश के पिताजी भी घोड़े पर सवार हो पीछे-पीछे चल पड़े।

वातावरण की निस्तब्धता को सूचना की ध्वनि-विहीन सिसकियाँ, घोड़े की टाप और नौकर की आवाज तोड़ती तो रही, अन्यथा प्रकृति के विपरीत चलने का किसी में साहस नहीं था। सिहरन भरे अँधेरे को चीरते हुए ज्यों-ज्यों समय बढ़ा और सूर्य ने पूर्व की खिड़की से झाँकते हुए कहा—शुभ प्रभात!

रात में तारों की कतारें बनाते, खटमलों अथवा मच्छरों को कोसते एक-एक कर के क्षण बीतते तो दिन में चिड़ियों की चहचहाहट सुनते, सूर्य की धूप सेकते और और...डाकिये की प्रतीक्षा...।

सात दिन बीते तो ऐसा महसूस हुआ जैसे सात वर्ष क्या, सात जन्म व्यतीत हुए हों। परिवार का कोई भी सदस्य ऐसा नहीं था, जिसके मुँह पर निराशा के चिह्न न हों। हों भी क्यों नहीं? घर का लाड़ला पुत्र सात दिन पूर्व गया था लेकिन आज तक कोई भी पत्र नहीं आया। सूचना के हृदय पर तो पहाड़ टूट रहा था। माँ ने एक-आध बार पिताजी से बात चलाई तो उत्तर मिला, 'मैं क्या करूँ? लड़ाई का समय है। पता नहीं समय भी मिलता होगा या नहीं।'

क्या सात दिन में दो मिनट भी नहीं मिले कि चिट्ठी ही लिखकर डाल दे। आने में इतने दिन तो नहीं लगते। कितनी दूर है मेरठ। आवाज दूँ तो।'

'बस-बस आवाज दे दी तो मार्ग वालों का क्या होगा?' प्रवेश के पिताजी कह उठे तो माँ ने मुँह बनाते हुए कहा, 'तुम्हें तो मजाक की पड़ रही है और मेरा पता है क्या हाल हो रहा है?' 'तेरा तो पता नहीं मगर बहू बेचारी का क्या हाल होगा, वह तो जी भर के देख भी नहीं पायी।' वैसे उसे मेरठ रखने के लिए नहीं बुलाया गया है, मोर्चे पर गया होगा।

'नमस्ते साहब।' किसी की आवाज आयी?

'नमस्ते भाई नमस्ते। कौन है?'

'क्या हो गया है साहब आपको, जो मुझे भी नहीं पहचाना?'

'ओफ, अरे बीरे।'

'हाँ साहब मैं ही हूँ।'

'क्या बात है?'

'चिट्ठी आयी है।'

'किसकी है! दिखाना, उतावलापन दिखाते हुए प्रवेश के पिताजी ने कहा; तो बीरा बोला

'साहब इतना पता होता तो दिल्ली दिया जला देता। लो आप ही देख लो।' अच्छा, अच्छा ला', और देखते ही कह उठे, 'अरे यह तो प्रवेश की है।'

फिर क्या था जैसे सब में प्राण फुँक गये। लिफाफे में दो पत्र थे। एक पिताजी के लिए और दूसरा सूचना के। पिताजी के पत्र में केवल कुशल मंगल के साथ सभी को यथा योग्य अभिवादन लिखा था। सूचना को लिखा पत्र यों था:–

'प्रिये सूचि!

मैं तुम्हें प्रेम करता हूँ अथवा नहीं, लिखने की आवश्यकता मैं नहीं समझता और न इतना समय है। वह तो तुम...

'गाँव से ज्यों ही गाड़ी चली तो तुम्हें टेशन पर ही छोड़ तुमसे दूर-दूर और फिर अपनी रेजीमैण्ट के मुख्यालय से भी दूर...यहाँ चारों तरफ रेत की रेत, सूखी, बिना पानी, मटमैली झाड़ियों में आ ठहरा हूँ। मार्ग में नींद तो नहीं आयी, हाँ दिवा-स्वप्न खूब देखे, तुम्हारी यादों के।

'आज यहाँ पहुँचते की महसूस हुआ जैसे मैं अपना नहीं, क्षमा करना तुम्हारा भी नहीं, सम्पूर्ण भारत का एक तुच्छ सेवक हूँ। मेरे जैसे अनेक सेवकों से मिलकर ही अपनी सेना का निर्माण हुआ है। तुमने समझ लिया होगा, कितना नीरस हूँ मैं? लेकिन क्या करूँ सूचि! एक सैनिक के पास नीरसता के सिवा है ही क्या? और मुझे किसी से स्नेह है तो सैनिक से और घृणा है तो सेना से। तुम्हें भी कुछ ऐसा ही होगा, जहाँ तक मेरा विचार है। लोग कहते हैं कि पेट के लिए सेना में आ गये और अब डींग हाँकते हैं राष्ट्र प्रेम की लेकिन सूचि मुझे विश्वास है कि तुम ऐसा नहीं सोचती होगी। तुम्हें पता है कि मुझे पेट भरने के लिए घर से बाहर निकलना आवश्यक न था।

'अरे हाँ सूचि। मार्ग में जो कठिनाइयाँ आई उनका कुछ आभास भी न हुआ, जिसका कारण जनता के मन में सेना के प्रति सम्मान का जाग्रत होना ही कहा जायेगा। काश! यह प्रेम सेना के स्थान पर सैनिकों से और क्षणिक न होकर स्थायी होता! खैर उन्हें तो समझने में समय लगेगा, तुमसे एक आशा, अपेक्षा और प्रार्थना करता हूँ सूचि, स्वीकार कर लेना। मैं तुम्हें अभी देख नहीं रहा हूँ लेकिन मेरा हृदय...।

'सूचि, तुम ईश्वर से प्रार्थना करती रहना कि मैं अपने पथ से डिग न सकूँ। तुम्हारा स्मरण मुझे पथ-भ्रष्ट न कर सके और फिर समाचार पत्रों में पढ़ोगी कि हम विजयी हुए। इस स्थान के सामने की सीमा पर शत्रु जीभ निकाले खड़े हैं, मुझे तुम से पृथक करने को। लेकिन भारत माता के सपूत इतने सस्ते नहीं होते सूचि! तुम परमात्मा से और जो चाहे माँगना, लेकिन इतना अवश्य माँगना कि मैं भारतीय सपूत बना रहूँ। और क्या लिखूँ? सूचि, मुझे डर लगता है कि कहीं तुम्हारे हाथों की मेंहदी मुझे...नहीं...नहीं

तुम्हारा ही

प्रवेश,

दूसरा पत्र भी आया और तीसरा भी। पत्र की आशा रहती तो, पढ़कर निराशा में डूब जाना पड़ता।

धूप बढ़ती-छाया पड़ती, पत्ते हिलते और हिलते-हिलते आँधी में परिवर्तित हो जाते...फिर भंयकर तूफान!

अंधेरी रात में चमकती बिजली और गरजते मेघों में घिरे, हवेली की दूसरी मंजिल के कमरे में चारपायी पर सूचना कभी लेटती और कभी द्वार पर पहुँचकर इधर-उधर देख फिर लौट आती। उस दिन त्यों-त्यों करके रात व्यतीत होते-होते निन्द्रा का आक्रमण हो ही गया। वह बचने का प्रयत्न भी कर रही थी और आक्रमण का प्रत्युत्तर देने का भी

'...प्रवेश के पिताजी ने आकर धीरे से कहा, बहू प्रवेश का पत्र आया है। तुम्हें बुलाया है। क्या तुम' और वे चुप हो गये तो सूचना ने कहा, 'पिताजी जैसा आप उचित समझें। मैं तो कुछ नहीं जानती।'

'ठीक है, तैयार हो जाओ, शाम की गाड़ी से चलेंगे। तुम्हें छोड़ आऊँगा।' सूचना ने सुना तो खिल उठी।

गाड़ी चली और न मालूम कहाँ-कहाँ और किन-किन टेशनों से होती हुई एक वीरान जंगल में पहुँची, जिसके दूसरी तरफ एक और टेशन था। गाड़ी रुकी तो दोनों ने देखा कि उनके अतिरिक्त गाड़ी में सभी सैनिक थे। गाड़ी से उतरते ही एक नवयुवक आ पहुँचा। आदर के दो शब्द कह उसने पूछा, 'क्या आप प्रवेश'। 'हाँ, हाँ, कहाँ है प्रवेश? आया क्यों नहीं वह?'

'पिताजी कल सायं ही पाकिस्तान से युद्ध शुरु हो गया है। इसी कारण वह आगे चला गया। और चलते समय मुझे आपके विषय में कहा था। शाम के समय यही गाड़ी वापस जायेगी। आपको चले जाना होगा। तब तक आप मेरे साथ चलें। पास ही एक मकान मैंने लिया हुआ है। मेरी माताजी भी वहीं हैं। उन्हें भी आज शाम ही जाना होगा। आप उनके साथ ही चले जायें। पता नहीं कैसे आदेश हैं! भला यहाँ रहने न रहने से क्या होता है? यदि मरना होगा तो सात तालों में भी सुरक्षित नहीं रह सकते। लेकिन क्षमा करें पिताजी। हाँ भाभी जी आप भी हैं और मैं अपनी ही कहे जा रहा हूँ। आप लोगों से तो पानी को भी नहीं पूछा।' उस नवयुवक ने, उनका सामान उठाया और टेशन से बाहर आ एक वाहन में रख दिया। वह चल पड़े। पता नहीं कितने तेज चले कि कुछ ही समय में एक झोंपड़ी के सामने खड़े थे। देखते ही सूचना को सैनिकों की गरीब दशा का भान हुआ, जैसे नींद से जाग पड़ी हो। लेकिन करती भी क्या, उसके हाथ में था भी क्या?

नवयुवक ने सामान अन्दर रखते हुए लगभग साठ वर्ष की आयु की एक वृद्धा का उन लोगों से परिचय कराया। उस भद्र महिला के सन जैसे सफेद बाल और एक अध्यापिका जैसी शुद्ध एवं मीठी वाणी। वह कर रही थी, 'बेटी प्रवेश ने जाते हुए मुझे कहा था, माँ मुझे आशीर्वाद दो। मुझे चिन्ता है तो केवल एक। कहीं तुम्हारी बहू की स्मृति मुझे पथ-भ्रष्ट न कर दे। माँ जब मैं सोचता हूँ कि उसके लिए केवल मैं ही हूँ, तो डर उठता हूँ। लेकिन बेटी, पता है मैंने उसे क्या कहा?

'क्या माँ जी।'

'और क्या कहती! कहा, बेटा तुम किसी माँ के बेटे हो, और किसी पत्नी के पति हो। यदि उनकी रक्षा नहीं कर सकते तो अयोग्य हो यदि शत्रु के समक्ष तुम्हें पत्नी की स्मृति पथ-भ्रष्ट कर देगी तो कल शत्रु सेना के सामने तुम्हें बन्दी बनकर खड़ा होना पड़ेगा और तुम्हारी आँखों के सामने तुम्हारी माँ, पत्नी और

परम पवित्र बहन का सम्मान मिट्टी में मिलेगा। तब क्या तुम जीवित ही मर नहीं जाओगे? बेटा यदि प्राणों की बलि देकर भी राष्ट्र की रक्षा कर सके, तो तुम्हारा जीवन धन्य होगा। और विधवा पत्नी भी गौरव से सिर ऊँचा करके चल सकेगी। और हाँ एक बात है, जिसके लिए तुम रणक्षेत्र में जा रहे हो, वह तो तुम्हारी माँ, पत्नी और बहन सबकी ही माँ है... भारत-माँ''। बेटी, जब प्रवेश ने यह सुना तो उसकी आँखों में चमक थी और-और मेरे स्तनों में जैसे दूध भर आया हो। अब तुम ही बताओ। मैं उसे दूध पिला देती अथवा नहीं। क्या मुझे इतना अधिकार था?'

'हाँ माँ जी क्यों नहीं?'

'धन्य हो बेटी तुम धन्य हो। मैंने अपना एक घूँट दूध देकर तुम्हारा पति तुम से ले लिया है। अब उस पर तुम्हारा कोई अधिकार नहीं है। क्यों, तुम्हें बुरा तो नहीं लगा?'

'नहीं माँ जी, लेकिन आप...आप तो...हवा में उड़ने लगीं माँ...'

सामने खड़ा नवयुवक मुस्करा रहा था। कुछ रुक-रुक कर उसने कहा, 'भाभी यदि प्रवेश को कोई रोक सकता था तो केवल तुम...तुम्हारे हाथ की चूड़ियाँ और माँग का सिन्दूर। लेकिन भाभी प्रवेश तुम्हें पाकर सचमुच धन्य है। मैं भी चला, प्रवेश को तुम्हारा उत्तर सुनाने।'

'नहीं-नहीं' सूचना चिल्ला उठी। सूर्य निकल चुका था। प्रवेश की माँ कह रही थी। 'क्या हुआ बहू, ठीक तो हो न, सपना देखा है क्या? लगता है डर गई। चलो उठो, अब सोने का वक्त थोड़े ही है, क्या हुआ तुझे?'

'कुछ नहीं माँ जी, कुछ नहीं ?'

'नहीं बेटी, कुछ तो है। तू बताती क्यों नहीं!

लेकिन सूचना मात्र आँसू पोंछ कर रह गई।

'ठीक है। न बता, मैं चली। तेरे ससुर को भेजती हूँ। जये रये ने एक दिन भी न रुकने दिया...'

तभी नीचे से आवाज आई 'डाकिया'

'अरे क्या है!' प्रवेश की माँ ने पूछा तो धीरे से वही आवाज सुनाई पड़ी,

'तार है माता जी।'

'तार!'

'हाँ।'

'किसका!'

'सूचना देवी के नाम है, सरकारी।'

सूचना ने सुना तो सँभल न सकी। वह सीढ़ियों से गिरी और लुढ़कती चली गई।

11
अधूरी कहानी

'नाम रख दिया राहुल, आठ महीने हो गये फीस तक जमा नहीं की। ये तो गनीमत है कि अपनी सरकार ने फीस रखी ही नहीं, नाम मात्र की है–दस पैसे महीना। अस्सी पैसे हो गये हैं और तुम्हारे बाप का तो पता नहीं, वह तो सही मायने में सिद्धार्थ हो गया है। लगता है तुम्हारे नाम को सार्थक करने के लिए उसने ऐसा किया है, नहीं तो अच्छा भला नाम है श्यामसिंह। पर तुम्हारा नाम रखा नहीं गया कि वह गायब। 'राहुल' का बाप भला घर पर कैसे ठहरे? और तुम्हारी माँ शरबती, यशोधरा बनने को कटिबद्ध तुम्हें स्कूल तो भेज देती है। तुम्हारे हाथ मुँह धोने तक की उसे फुर्सत नहीं, तो नहलाये कैसे? खैर, मुझे इससे कुछ लेना देना नहीं। तुम घर जाओ और अस्सी पैसे लेकर ही स्कूल आओ। यदि न मिलें तो न आओ। मैं नाम काट दूँगा। जेब से किस किस की भरूँ? एक तुम्हीं तो नहीं हो इस गाँव में। तुम्हारे जैसे और भी कितने भरे हैं। जाओ, अब मेरा मुँह क्या ताक रहे हो?' कहते हुए अध्यापक महोदय ने दूसरा नाम पुकारा, 'जैनुद्दीन!'

मैली, कई जगहों से फटी कमीज, पट्टे का कच्छा और गले में ताबीज। आयु, यही कोई आठ नौ वर्ष! जैनुद्दीन गर्दन नीची किये आकर अध्यापक की मेज के सामने खड़ा हो गया, 'गुरुजी'। उसके मुँह से किसी तरह निकल पाया था तब तक अध्यापक ने अपने चश्मे में से झाँकते हुए निश्चय कर ही लिया था कि राहुल बाहर चला गया है और जैनुद्दीन ने पिछले तीन महीने का शुल्क जमा नहीं किया है।

'सुनो! तुम्हारी तीन महीने की फीस अभी नहीं आई है। दोपहर की छुट्टी

में जब घर जाओगे, अपनी अम्मी से कहना कि अब्बा से लेकर रखें। कल जब स्कूल आओ तो तीस पैसे याद करके लेकर आना, समझे! अध्यापक ने कुछ विनम्र भाव से कहा और वह लड़का मात्र 'जी' कह सका और फर्श पर अपने लिये निश्चित जगह पर जा बैठा।

इसी प्रकार अध्यापक महाशय ने दो तीन लड़कों को बुला-बुलाकर निर्देश दिये। जिसकी छह महीने से बकाया हो गयी थी, उसे घर भेज दिया।

यों तो लड़के भी जानते थे और अध्यापक भी कि न तो घर भेज देने से फीस मिल जायेगी और न अगले दिन स्कूल आने पर मनाही होगी। फिर भी अध्यापक ने इसलिए भेजा था कि घर वालों पर कुछ दबाव पड़े तो वे कहीं न कहीं से जुगाड़ करके दे दें और लड़के इसीलिए चले गये थे कि गुरूजी का आदेश था।

लड़की उन दिनों स्कूल नहीं जाने लगी थी। एकाध भेजने लगा था, उसकी स्थिति गाँव में ऐसी थी कि चाहे तो घर मैं पाठशाला चलवाये। इसीलिए जो दो तीन लड़कियाँ स्कूल में आने लगी थी, उन्हें बुलाकर डाँटने का अवसर अध्यापक को नहीं मिला था।

'रामेश्वर'! अध्यापक ने नाम पुकारा और एक फुर्तीला लड़का, 'जी गुरूजी' कहता हुआ सामने आ खड़ा हुआ। इससे पूर्व कि गुरू जी कुछ बोलें लड़के की निगाहें पाठशाला के मुख्य द्वार की ओर गईं। कोई औरत हाथ से इशारा करके किवाड़ की आड़ में से उसे अपने पास आने का संकेत कर रही थी।

'गुरू जी, राहुल की माँ आई है। मैं पूछकर आऊँ क्या कहती है!' अध्यापक ने द्वार की ओर देखते हुए कहा, 'हाँ, जाओ, पूछो क्या कहती है?'

रामेश्वर द्वार पर पहुँचा तो शरबती ने अपना मंगलसूत्र उसके हाथ में थमाते हुए कहा, 'मास्टर जी से कह दो, जब पैसे होंगे मैं ले जाऊँगी, तब तक इसे अपने पास रख लेंगे। जहाँ इतने दिन हुए कुछ दिन और सही। राहुल के पिताजी के आते ही मैं अपने आप आकर हिसाब चुकता कर जाऊँगी और इसे ले जाऊँगी।'

रामेश्वर ने अध्यापक महाशय के हाथ में मंगलसूत्र थमाते हुए सब कुछ ज्यों का त्यों कहा, तो वे चौंक उठे। 'चलो, मेरे साथ चलो'। कहते हुए वे स्वयं द्वार की ओर बढ़े।

दर असल वे तो अपनी बात खुलकर कह सकते थे, जिसे शरबती सुन लेती। लेकिन 'शरबती' यदि ऊँचा बोलती भी तो सीधे उनसे नहीं बल्कि किसी को माध्यम बनाकर। अध्यापक महाशय इससे पूर्णतः परिचित थे। इसीलिए उन्होंने 'रामेश्वर' से कहा था कि उनके साथ चले।

द्वारा पर पहुँचते ही उन्होंने कहा, 'बेटी, इसे तुरन्त गले में पहन लो। मुझे अधिक शर्मिन्दा न करो! यदि मेरी बिसात अपने आप से फीस देने की होती तो मैं लड़के से कभी न कहता। मैं तुम्हारी हिम्मत की दाद देता हूँ, पर लाचार हूँ। तुम राहुल को स्कूल भेजती रहो। फीस का जुगाड़ हो जाये तो भिजवा देना, नहीं तो देखा जायेगा।'

शरबती ने कुछ न कहा। वह मुड़ने लगी तो अध्यापक महाशय ने भी मुड़ते हुए कहा, 'बेटी, इसे बुरा न मानना' और वह अपनी कुर्सी की ओर चला गया। उसके मन में पश्चाताप था कि 'मैंने उस लड़के से जाने क्या-क्या कह दिया था, उसने इसे सब कुछ बताया होगा, तो इसे कितनी ठेस लगी होगी।'

शरबती मुड़ने लगी तो उसके कानों में पड़ा, 'हाय, राम। ये बुढ़िया भी पढ़ने लगी क्या!'

'नहीं, पढ़ाने आयी थी, मास्टर जी को', एक औरत के कटाक्ष का उत्तर दूसरी औरत ने और भी तीखे कटाक्ष से दिया।

12
आशीर्वाद

''देवीजी ! आपकी कृपा बनी रहे और महासचिव की कुर्सी पर बैठने का एक अवसर केवल दो घण्टे के लिए-मिल जाए तो बस पक्का हो जाऊँगा। फिर किसी की माँ ने सांधा नहीं खाया कि पण्डित हरलाल सिंह को गद्दी से हटा दे।'' पण्डित हरलाल सिंह ने दुर्गा देवी के समक्ष आराधना करते हुए कहा तो देवी प्रसन्न हो उठी। उसने साक्षात् दर्शन दिये। अपना वरदहस्त बढ़ाया और प्रफुल्लित मुद्रा में कहा, ''तथास्तु वत्स''।

''अब मेरे लिए क्या आदेश है मातेश्वरी।'' पण्डित ने पुनः आर्द्रभाव से पूछा तो देवी ने उत्तर दिया ''चुनाव आन्दोलन आरम्भ कर दो। जितना भी वाणी से सम्भव हो सके, वायदे कर लो। अनुरोधी, विरोधी या अवरोधी जो भी चुनाव हेतु उत्सुक हो गुप्त समझौता कर लो। जितने सचिव चाहो बना सकोगे।''

''तब तो अन्यथा भी मेरे अतिरिक्त कोई महासचिव न टिक सकेगा मातेश्वरी!'' हरलाल ने पूरे आत्मविश्वास के साथ कहा। हाथ जोड़ कर शष्टांग प्रणाम किया। मन्दिर के मुख्य द्वार तक ज्यों का त्यों पीछे की ओर कदम बढ़ाते हुए चला। द्वार पर पुनः प्रणाम कर मन्दिर से बाहर निकल आया।

पण्डित हरलाल सिंह की प्रसन्नता की सीमा न थी। उसे किराणा प्रान्त के महासचिव पद का आश्वासन जगन्माता दुर्गा से मिल गया था। अब और क्या चाहिए। कमसे कम सात वर्ष के लिए तो भविष्य निश्चित हो ही गया। अपने को महासचिव मानकर ही उसे अपना चुनाव आन्दोलन चलाना था।

और अगले ही दिन उसका यह आन्दोलन आरम्भ हो गया। पहली सभा

सौतक नगर में आयोजित की गई जिसका सम्पूर्ण व्यय लाला भिक्षुक ने वहन किया।

महा सचिव की हैसियत से बोलते हुए पण्डित सिंह ने हजारों की संख्या में एकत्र जन समूह के समक्ष कहा,

''भाइयो और बहनो! आप लोगों ने इतनी बड़ी संख्या में यहाँ उपस्थित होकर, तेज धूप और लू में दूर दराज के गाँवों से पैदल ही नंगे पैर चलकर मुझे आशीर्वाद देने का जो कार्य किया है, इसके लिए मैं आपका, आपके घर वालों का और साथियों का, बात यह कि सभी का, तहे दिल से शुक्र गुजार हूँ। मैं उन्हें भी धन्यवाद देता हूँ जो मेरा विरोध करने के ध्येय से ही सही, मेरी बैठक में अड़चन डालने के ध्येय से ही सही, कम से कम यहाँ उपस्थित तो हुए हैं।

''धन्यवाद ज्ञापन की इस रश्म के बाद अपनी इस पहली चुनाव गोष्ठी में मैं आप लोगों को सूचित करना चाहता हूँ कि अगला महा सचिव मुझे और केवल मुझे ही बनना है। किराणा प्रान्त में मातेश्वरी दुर्गा को मुझसे अधिक समझदार कोई दूसरा नेता नहीं मिला है। इसीलिए कल उन्होंने मुझे अपना आशीर्वाद दे दिया है। अब आप लोग निश्चित हो जाइये कि अगले चुनाव आन्दोलन में आपको पैदल नहीं आना पड़ेगा। आपको नंगा नहीं रहने दिया जाएगा। आपके चूल्हे नहीं ताकेंगे। कोई क्षेत्र ऐसा नहीं रहेगा, जहां से दो चार सचिव न हों। हमारा प्रान्त मिर्चों के लिए प्रसिद्ध रहा है, अब फिर यहाँ मिर्चों की कमी न रहेगी।

''आप मुँह खोलिये, माँग पूरी होगी। मुँह नहीं खोलोगे तो समझ लिया जाएगा कि पूरी हो गयी हैं। और क्या चाहिए! बस! आप अपने अमूल्य वोट दीजिए। नहीं देंगे तो मान लिया जाएगा कि आपने मुझे ही अपने मत दिये हैं क्योंकि मैं जिस दल का एक मात्र नेता हूँ उसे मातेश्वरी दुर्गा का आशीर्वाद प्राप्त है। इसलिए जो मेरे विरोधियों को वोट देंगे वे मेरा नहीं माँ का विरोध करेंगे और दुर्गम्मा जब मँढ़ से बाहर आती हैं अपने विरोधियों पर टूटती हैं, तो आप जानते हैं कि क्या कुछ कर देती हैं!

''आप को याद होंगे वे दिन! भली प्रकार याद होंगे, जब दुर्गा देवी ने अपना असली चेहरा कुछ दिन के लिए दिखाया था। यदि मुझे वोट नहीं दिया तो वही चेहरा पुनः देखने को मिल सकता है''। पण्डित हरलाल सिंह कह ही रहे थे कि श्रोताओं का एक वर्ग रुष्ट हो गया। उसने शोर मचाया। काले झण्डे दिखाये।

पण्डित सिंह ने जब काले झण्डो से एक दिशा को ढके देखा तो आग बबूला हो गये। किन्तु यह समय क्रोध प्रदर्शित करने का न था, इसलिए बनावटी मुस्काराहट चेहरे पर लाते हुए बोले,''शायद आप लोगों में से कुछ को भ्रम हो गया है'' और फिर अपनी स्थानीय भाषा में,''आपनै बेरा नहीं सैं अक मैं कुण से इलाके का, रहैणया सूँ। अरै भाई जिद मैं पैदा हुयातै मेरी माँ बावन गज का काला़ ल्हैंगा पहररी थी, मैं उसतै नहीं डर्‌या तै थारी इन झण्डियो तै के डरूँ सूँ।'' पण्डित सिंह की बात सुनते ही श्रोताओं में हँसी की लहर दौड़ गयी, पर क्षुब्ध वर्ग ने नारे लगाना बन्द न किया ''हरलाल सिंहः कुर्सी छोड़ो'' वे कह रहे थे।

पण्डित सिंह ने ठहाका लगाया। ''कुर्सी!'' वह बोला ''कुर्सी छोड़ दूँ, अरै मैं उस इलाके का सूँ अक जो ऊँट की पीठ पैतै गिरता हुआ पूँछ पकड़ लै, अत बारा कोस लो नी छोड़ता। या तो राज गद्‌दीअ सैं, सिंघासन। दोन्नू तरफ पकड़णने की जंघा सैं। असी हालत मैं मेरे तै गद्‌दी छोड्‌डण या इस्तीफा देण की उम्मीद करणा सबतै बड़ी भूल होगी। खैर जसी थारो मरजी पर अगला महा सचिव तो मन्नै इ बणना सैं। ''कहकर हरलाल सिंह मंच पर बिछी कुर्सी पर ऐसे जमकर बैठ गये, मानो अभी उन्हें कोई उठाने का प्रयत्न कर रहा हो।

इसी दौरान पण्डित सिंह के समर्थक भी शान्त न रह सके और दोनों गुटों में जबरदस्त झगड़ा हुआ। कई लोगों को चोटें आई। समर्थक वर्ग के लोगों के लिए न केवल डाक्टरी सहायता का तुरन्त प्रबन्ध किया गया बल्कि एक एक हजार रुपये की आर्थिक सहायता की घोषणा भी तुरन्त कर दी गई जबकि विरोधी पक्ष की ओर ध्यान तक न गया।

दूसरे दिन की बैठक इससे भी जोरदार रही। अन्य बातों के साथ-साथ जो नई बात पण्डित सिंह ने कही वह थी कि ''आप लोगों को शिकायत है कि अपने कार्यकाल के दौरान मैंने अपने इलाके का विशेष ध्यान रखा है, मसलन पानी का इन्तजाम वगैरा, वगैरा। इस सिलसिले में मैं आप लोगों को स्मरण करा दूँ कि आप लोग हमारे क्षेत्र में से अपने बेटे की शादी भी न लेते थे क्योंकि डर रहता था कि बारात को पानी भी न मिलेगा। बाद में बटेऊ की क्या हालत होगी, खुदा जाने। पर अब! भाइयो!! इससे तो आप लोगों को ही फायदा हुआ है। अच्छी अच्छी बहुएँ मिलने लगी और मेरे इलाके को यह फायदा रहा कि सर सब्ज इलाके से बटेऊ मिलने लगे हैं''।

प्रतिदिन नये नये पन्नों के साथ पण्डित सिंह का चुनाव आन्दोलन चलता गया और फिर आया वह दिन जिसकी प्रतीक्षा थी-चुनाव का दिन।

किराणा प्रान्त में चुनाव होते नहीं, लड़े जाते हैं और इस लड़ाई का चरम उत्कर्ष इसी दिन होना होता है।

इस बार भी हुआ। घूँघट डाले औरतें वोट डालने आई। डालकर गई। एक एक लड़का (युवक या आदमी नहीं) बीस बीस वोट डाल गया। है किसी की हिम्मत कि उफ करे, कुछ कहे। गुप्त मत दान लुप्त हो गया। सरे आम मुहरें लगाना लाजिमी। नहीं तो निकलो बाहर।

इसके बावजूद पण्डित सिंह को आवश्यक स्थान न मिल सके। कुल पचास स्थानों में से उसे बीस मिले। विरोधी दल को भी उन्नीस ही मिले। इस प्रकार ग्यारह सदस्य निर्दलीय थे।

चुनाव परिणाम घोषित होते होते मातेश्वरी ने पण्डित हरलाल सिंह को पुनः साक्षात् दर्शन देते हुए कड़क कर पूछा ''क्या कर रहे हो!''

''आपकी पूजा अर्चना, मातेश्वरी!'' सिंह गिड़गिड़ाया। ''तुम तो कहते थे कि कुर्सी पर बैठते ही...'' आगे की बात मातेश्वरी ने अधूरी ही छोड़ दी किन्तु पण्डित आशय जानता था इसलिए [illegible] के साथ उसने उत्तर दिया।'' [illegible] ठीक ही कहा था मातेश्वरी! जहाँ गुड़ होगा, मक्खियों को आना ही होगा। आप देखती जाइये। कल प्रातः क्या कुछ होता है! ये कंगले, जो चुने गये हैं। भिखमंगों की तरह चक्कर काट रहे हैं, निर्दलियों को तो कुछ कहना सुनना भी पड़ता है पर ये विरोधी दलवाले तो अपने आप ही आ रहें हैं। इन्हें तो बुलाना भी नहीं पड़ता। कलके समाचार पत्रों में आप देखेंगी कि रोते दल के सात सदस्य सोते दल में मिल गये हैं किन्तु...

''किन्तु क्या!''

''उन्हें पैसा नहीं, सचिव पद चाहिए।''

''हँ, हँ हँ हँ ... मातेश्वरी खिलखिलाई।'' गुड़ होगा तो मक्खी आयेगी ही। सचिव होंगे तो पैसा बनेगा ही। बड़े समझदार लगते हैं ये लोग। ''उसने कहा।''समझदार तो किराणा प्रान्त के सभी लोग होते हैं मातेश्वरी'' पण्डित सिंह ने उत्तर दिया तो मातेश्वरी गुनगुनायी ''हाँ, तुम भी तो ऐसे ही समझदार हो'' व्यंग्यात्मक मुस्कराहट की झलक उसके चेहरे पर दिखी और वह अन्तर्ध्यान हो गयी।

13

नमक

घड़ी में ठीक चार बजे थे कि मुर्गे ने बाँग दी। शायद उसने किसी घड़ी की सुईंयां देख ली थी। शरद ऋतु में चार बजे भी आधी रात जैसी ही स्थिति होती है। वह जानता था कि उठने का समय हो गया है, लेकिन उसका मन नहीं चाह रहा था कि उठे।

खैर, उसने उठकर दिया जलाया और उस छोटे से कमरे की सामने की दीवार में से कुछ ईंटें निकाल कर जो जगह बनाई हुई थी, उसमें से लगभग एक लीटर आयतन पानी के आकार का पीतल का लोटा उठाया। लोटा खाली था। ''अब क्या करूँ?'' उसने सोचा।

''पैर फैलाकर सो जा'' मन में आया।

''नहीं काम पर जाना है।''

''तू कोरा बुद्धू है।''

''कैसे?''

''देखता नहीं, जो काम करते हैं। उनकी क्या दशा होती है। और जो बिठल्ले हैं...''

''बस...बस...मैं यह सब सुनना नहीं चाहता।''

''क्यों? सच्चाई बुरी लगती है!''

''नहीं''

''तब''

''मेरा धर्म काम करना है और मैं...''

''हूँ,...धर्म'' मन कुढ़ उठा।

उसने एक बार इधर-उधर देखा और लोटा लेकर द्वार की ओर बढ़ा। आधे टूटे किवाड़ों में से ठण्डी हवा आ रही थी। एक ही झोंके में तन काँप उठा।

''चुप रह।''

''हुँ'' मन की वही प्रतिक्रिया थी।

खद्दर की मोटी चद्दर में से ही दाहिने हाथ का सहारा लेकर उसने किवाड़ खोल दिये। आँगन में निकला तो वही छप्पर, वही पुरानी आधी गिरी हुई दीवार और नल। नल पर पहुँच कुल्ला किया। कुछ पानी भी पिया। लोटा पानी का भरा और आँगन से बाहर गली में निकल आया। कितनी ठण्ड लग रही थी उसे। जब लौटा तो हाथ पैर काँप रहे थे। हाथ धोने लगा तो बड़ी कठिनाई से नल चला पाया। लोटा आधा भरा था कि हाथ से छूट गया। धम्म से आवाज हुई। वह ज्यों...त्यों...करके झुका। लोटा उठाया। पानी खींचा और अन्दर आ गया।

कितनी सर्दी थी। नहाने का जो विचार था, बदल गया। सूखा तोलिया लेकर उसने तन पर लगी हुई मिट्टी साफ की। कपड़े बदले। घुटनों तक की धोती, खद्दर का कुर्ता, ऊपर खद्दर की महीनों पहले धुली चद्दर और सफेद टोपी। सामने की दीवार में से जहाँ से ईंटें निकली हुई थी, उसी के पास एक पुराना घड़ा रखा था। घड़े का गर्दन वाला ऊपरी भाग टूटा था और लकड़ी के मैले से तख्ते से ढका था।

उसने तख्ता उठाया। घड़े में हाथ डाल कर निकाला तो मुट्ठी में चने थे। जेब में तीन मुट्ठी चने और गुड़ का एक टुकड़ा डाला। बाहर की ओर देखा। पूर्व में चमकने वाला तारा शुक्र काफी ऊँचे उठ चुका था।

उसने दीपक को हाथ से हवा दी तो वह बुझ गया। बाहर निकल ही रहा था कि आवाज आई, ''गिरीश जी नमस्ते। आज क्या...'' और इससे पूर्व कि बात पूरी होती, वह बोल उठा, ''नमस्ते, बस चल ही रहा हूँ, ताला बन्द कर दूँ?''

घटता हुआ अँधेरा। बहती हुई ठण्डी हवा। चहकती हुई चिड़ियाएँ। पूर्व की लाली और पश्चिम का अंधकार।

दो छायाकृतियाँ बढ़ी जा रही थीं। गिरीश और विष्णु। गिरीश बाईस–तेइस वर्ष का नवयुवक। दुबला पतला साधारण कद। विष्णु तीस के लगभग आयु, ढीला, लेकिन ऊँचा कद। घुटनों तक की मैली धोती और आधी बाँहों के खद्दर के कुर्ते के ऊपर पतली सी एक चद्दर। ठिठुरते हुए, बिना बोले, जैसे एक-दूसरे को जानते ही नहीं, चले जा रहे थे।

''अब क्या होगा विष्णु जी?'' गिरीश ने शान्ति भंग की तो जैसे पक्षी रो उठे। किसी वन में आग धधक उठी हो। भूकम्प आ गया हो। टहनियाँ बोलीं क्रान्ति कर दो और हृदय चीख उठे।

''मैं क्या बताऊँ गिरीश भैया।''

''कुछ तो उपाय बताना ही पड़ेगा विष्णु जी, देखते नहीं लाला जी का व्यवहार रंग बदलता जा रहा है।'' गिरीश ने जोर दिया।

''सो तो है। लेकिन एक बात का पता नहीं चलता। यह सब कैसे हो गया?''

''कैसे बताऊँ विष्णु जी, इसमें मेरी भी...'' और गिरीश चुप हो गया। उसके मुख से शब्द बाहर न आ सके।

''तब क्या, मैं सोचूँ कि यह सत्य है?'' विष्णु ने शब्दों में तेजी लाते हुए पूछा।

''विष्णु जी क्या आप को भी मुझ पर भरोसा नहीं?'' गिरीश ने आशंकित से शब्दों में पूछा तो विष्णु ने उत्तर दिया। ''नहीं, ऐसी बात तो नहीं है, लेकिन गरीबी आदमी से क्या नहीं करा देती?''

''तब क्या मैं...'' और गिरीश गिर पड़ा। एक तो बाहरी शीत लहर दूसरे आन्तरिक हिमपात। विष्णु ने देखा। गिरीश होश खो चुका था। ''गिरीश, गिरीश, गिरीश भैया।'' विष्णु उसे हिलाते हुए चिल्लाया। लेकिन जब उसने देखा कि वह बोल नहीं रहा है तो इधर–उधर किसी वस्तु की तलाश में दृष्टि दौड़ायी। वह स्वयं भी निष्क्रिय हुआ जा रहा था। उसने सोचा, ''अब क्या करूँ? कहीं आँच भी तो दिखायी नहीं पड़ती।'' और वह दौड़ पड़ा, आग की खोज में। वह सोच रहा था, ''क्या करूँ, कैसे?'' और उसे कुछ ध्यान आया वह उल्टे पैर गिरीश की ओर दौड़ा। उसने अपनी चद्दर भी उसे ओढ़ा दी और निकट बैठ उसका सिर सहलाने लगा। फिर कभी उसका सीना, कभी तलुवे और कभी बाँहें

मलनी शुरू की। गिरीश के बदन के विभिन्न अंगों की मालिश करते हुए वह इधर उधर देख भी रहा था। आग लाने की तलाश जो थी। तभी उसे दूर गाँव में एक दीप जलता दिखाई दिया, जिसका प्रकाश प्रभात के प्रकाश में मिला जा रहा था और तभी उसके मस्तिष्क में एक दिन पूर्व की घटना घूम गयी।

...जब वह और गिरीश लाला के सामने ले आये गये थे, तो लाला ने लाइटर जलाते हुए कहा था, ''गिरीश तुमने यह लौ देखी। इसी में जलाकर राख कर दूँगा। तुम्हारी खाल में भूसा भरवा दूँगा। तुम मेरे साथ चार सौ बीसी करते हो? कल के बच्चे हो और समझते नहीं? मेरे बाल तुम्हारी तरह धूँप में मिट्टी ढो-ढो कर सफेद नहीं हुए। कई सरकारें बदलते देखी हैं और तुम बेशर्म, तुम्हें शर्म नहीं आती, आँख मिलाते हुए? डूब मरो चुल्लू भर पानी में। डूबा भी तो कहाँ? क्या तेरे लिये और कोई स्थान नहीं था? मेरा ही नमक खाता है और मेरे ही साथ गद्दारी। यह भी कोई मोटी रकम होती तो मान लेता। किसलिये तुमने यह किया? केवल बाईस रुपये पैंतीस पैसे के लिए? वैसे ढंग बड़ा अच्छा निकाला है। हिसाब की हेराफेरी से पकड़ा जाये तो कह देगा गलती से हो गया। यही सोचा था न और वह भी अपनी रकम में नहीं, नीरे की खुदायी के हिसाब में। ताकि पकड़ा भी न जाए और बाद में उससे बाकी पैसे ले ले। अरे नीच, देखता क्या है? क्या इसीलिए मैंने तुझे फावड़े के काम से हटा कर आगे दफ्तर में लगाया था। क्या यहीं तक सीमित थी तेरी वह ईमानदारी जिसका तू दो वर्ष से सबूत देते आ रहा था। समझा होगा सड़क का काम समाप्त होने वाला है। अब प्रीत लाल से क्या काम रहेगा? लेकिन तुम्हें नहीं पता कि यदि यहाँ तुमने यह समझदारी न दिखायी होती तो मैं तुम्हें अपने दूसरे ठेके पर भी ले चलने वाला था।'' लाला कहे जा रहा था और मैं व गिरीश अपना सा मुँह लिए खड़े थे। तभी गिरीश की तरफ से हटकर लाला मुझ पर बरस पड़ा और विष्णु तुम, तुमने अपने बच्चों पर भी ध्यान नहीं दिया? एक गद्दार, बेईमान को आश्रय क्या सोच कर दे रहे थे? किसलिये तुमने गिरीश का साथ दिया? क्या सोचकर तुमने मेरे भेजे हुए आदमी को कह दिया, ''चल-चल काम खत्म होने पर हम स्वयं आ जायेंगे। क्या तुम्हें नहीं पता था कि जो कार्य तुम कर रहे थे, वह भी हमारा ही है और हमने ही इसे बुलाया था। तुम्हें बीच में पड़ने की क्या जरूरत आ पड़ी थी? नेता बनते हो। नेतागिरी करने का इरादा है। यही न। लेकिन मैं कहे देता हूँ, हमारे यहाँ यह नहीं चलेगा।''

''लाला जी आप ही का काम है और आप ही के काम के लिए आप के भेजे हुए आदमी को कह दिया था कि काम समाप्त होने पर आ जायेंगे। इसमें आपकी भी भलाई थी और इसकी भी'' मैंने विनय भरे स्वर में कहा तो लाला फिर अकड़े। ''विष्णु, मेरी भलाई सोचने की तुम्हें कोई जरूरत नहीं। अभी मैं जीवित हूँ और मरने पर मेरे पीछे देखने वाले हैं।'' मैंने कुछ उत्तर देने का प्रयत्न किया, ''लाला जी, आप मुझे गलत समझ रहे हैं, मैंने तो...''

''बकवास बन्द और इससे पहले कि मैं तुम्हें धक्के दे कर बाहर कर दूँ तुम खुद ही निकल जाओ।'' लाला बीच में ही चीख पड़े। और जब हम ज्यों के त्यों खड़े रहे तो उसी आवाज में कैसे चीखे थे वे, ''सुनते हो या नहीं। मैं तुम्हीं से कह रहा हूँ, निकल जाओ।''

हम दोनों में कुछ और कहने का साहस नहीं था। मैं तो वास्तव में काँप उठा था। अपना सा मुँह ले कर बाहर आये तो गिरीश ने इसी प्रकार उस समय भी कहा था, ''अब क्या होगा विष्णु जी?'' और मैंने उत्तर दिया था, ''कुछ नहीं भैया, तुम चलो काम पर लगने'' और फिर हम दोनों उसी स्थान पर पहुँच गये थे जहाँ से आये थे। मैं खोद खोद कर मिट्टी भरने में जितनी शीघ्रता दिखाता, गिरीश उससे पूर्व ही उसे डाल कर मेरे निकट आ पहुँचता और कहता, ''क्या कर रहे हैं विष्णु भाई, आज हमें साठ फुट खोद कर ही जाना है।'' जहाँ काम इतनी जल्दी से हो रहा था वहीं गिरीश की दशा भी दयनीय होती जा रही थी। एक तो वैसे ही स्वास्थ्य मन्त्री है और दूसरे इतना परिश्रम।

दिन छुपते-छुपते हम दोनों ने साठ फुट मिट्टी खोद कर डाल दी थी। गिरीश का शरीर पसीने से बुरी तरह भीगा था। बढ़े हुए बालों में भरी मिट्टी, तिस पर बहता हुआ पसीना। ऊपर से नीचे तक। आँखों और मुँह में। वैसे मेरी भी दशा कम तो नहीं थी लेकिन फिर भी इतनी बुरी नहीं थी। काम समाप्त ही हुआ था कि गिरीश ने कहा, ''विष्णु जी एक झटका और गारेंगे, ताकि सत्तर फुट से ऊँचे पहुँच जायें। मुझे वैसे कहना तो नहीं चाहिये लेकिन थोड़ा विश्राम कर लेते हैं। इसके बाद फिर लगेंगे।'' तब मैंने कहा था, ''नहीं भैया, अब और नहीं हो सकता'' तो गिरीश ने किस प्रकार हाथ की उंगलियाँ दिखाते हुए कहा था, ''अरे विष्णु जी आप ऐसा कह रहे हैं, मेरे जैसा कोई अकेला...जिस का कोई भी इस संसार में नहीं, कहे तो मान लें। लेकिन आप, आपको तो मुझसे भी अधिक काम करना चाहिये।''

"अरे हाँ भैया तुम्हारी बात से एक बात याद आई। भला यह तो बताओ तुम यह सब किसके लिए करते हो?" जब मैंने उसे बातों में लगाने का प्रयत्न करते हुए पूछा तो उसने उत्तर दिया था, "उठो विष्णु जी उठो, कुछ और कर लें। सब की अपनी आशाएँ होती हैं मेरी भी है" और फिर उसने फावड़ा उठा कर भूमि में मारा तो ठीक उसी समय उसकी पीठ पर एक लात पड़ी। वह गिर पड़ा। जब मैंने उधर देखा तो लाला कह रहे थे, "मैंने, तुम्हें बाहर निकल जाने के लिए कहा था, लेकिन तुम अब भी..."

और इससे पूर्व कि वह कुछ और कहता मैंने कहा, "लेकिन लाला जी आपने दफ्तर से निकल जाने को कहा था, काम से तो नहीं..."

"विष्णु तुम बातें बहुत बनाने लगे हो।...ठीक है...काम से अब कह रहा हूँ" इतना सुनते ही मैं काँप उठा और जब चलते हुए चद्दर उठाने के लिये नीचे झुका तो देखा गिरीश अचेत पड़ा था। मेरे मुँह से निकला, "गिरीश भैया..." जब लाला ने यह देखा तो वह वहाँ से चलते हुए कह गए थे, "अब से काम पर आने की जरूरत नहीं है"। अनेक साथियों की सहायता के बाद भी बड़ी कठिनाई से मैं इसे सचेत कर पाया था–सारे मार्ग में...आते समय यह मुझसे कुछ भी तो न बोला था और अब..."

विष्णु सोच ही रहा था कि उसने देखा गिरीश ज्यों का त्यों पड़ा था। उसकी दशा में कुछ भी सुधार न हुआ। सूर्य पूर्व में झाँकने तो लगा लेकिन धूँप इतनी तीव्र नहीं थी कि सर्दी उतर सके। फिर भी उसने गिरीश को उठाया और मार्ग के किनारे उस मेंड पर लेटा दिया जहाँ पूर्वी किनारे पर कोई वृक्षादि नहीं था, जिससे कि सूर्य की सीधी किरणें गिरीश पर पड़ें।

शीत लहर दौड़ रही थी। ठण्डी हवा शरीर को चीरे दे रही थी। उसके पैर काँप रहे थे। लेकिन मस्तक पर बार-बार पसीने की बूँदें झलक उठती, जिन्हें वह हाथ से पोंछ डालता।

उसने एक आदमी को गाँव की ओर जाते हुए देखा तो कुछ आशा बँधी। ज्यों ही वह कुछ और निकट आया तो विष्णु ने आवाज दी, "भाई साहब क्या आपके पास माचिस है?" उस आदमी ने अपनी जेब में हाथ डाला और फिर खाली ही निकालते हुए बोला, "नहीं...क्यों क्या बात हुई?" "अरे भाई यह बेहोश हो गया है। सर्दी लगी है। यदि आग से सेंक सकूँ तो..."

''नहीं मेरे पास आज तो नहीं है, वैसे मैं दिया सलाई लेकर चला करता हूँ। आज पता नहीं कैसे भूल गया...हाँ...देखो...शायद कोई और आ जाये'' और वह चला गया।

जब उस आदमी ने दियासलाई भूल जाने की बात कही तो विष्णु को ध्यान आया कि गिरीश प्रायः अपनी जेब में दियासलाई रखता है। उसने जेब देखी तो वास्तव में मिल गई, ''मैं पागल हो गया हूँ,'' विष्णु के मुँह से क्रोधित सी मुद्रा में निकला।

गिरीश को वहीं छोड़ वह निकट के गन्ने के खेत में पड़ी पत्ती लाया। पत्ती भी ऊपर से तो गीली थी किन्तु नीचे सूखी मिल गयी। उसने आग सुलगाई और गिरीश को सेकना आरम्भ किया।

कुछ समय में जब गिरीश को थोड़ा चेत आया तो उसके ओंठ फड़क रहे थे, ''नहीं...नहीं...मैंने बेईमानी नहीं की...मुझे इसके बारे में कुछ भी नहीं पता।...मैं...तो...'' और फिर जब उसने सामने विष्णु को देखा तो उसके मुँह से निकला, ''क्या, विष्णु जी चलते चलते रुक क्यों गये? हमें तो जल्दी जाना है।''

''ऐसी कोई जल्दी नहीं है। थोड़ी देर सेंक लेते हैं। तब चलेंगे। देखते नहीं, सर्दी कितनी है?'' विष्णु ने उत्तर दिया तो गिरीश आग के और निकट होकर सेंकने लगा।

कुछ और स्वस्थ हुआ तो वास्तविकता का ज्ञान भी उसे स्वतः हो गया। वह मन ही मन विष्णु का बड़ा आभारी था। जब कुछ देर और हुई तो उसने कहा, ''चलिये विष्णु जी अब सूरज काफी ऊपर आ गया है। सर्दी भी इतनी नहीं रही। अब मैं भी स्वस्थ हूँ।''

विष्णु भी जैसे तैयार था। दोनों ने आग बुझाई। और चल पड़े। गिरीश ने अब विष्णु की चद्दर लौटा दी। उनकी गति में भी जीवन था और इसीलिये उन्हें सर्दी लगनी वैसे भी बन्द हो गई थी।...वे दौड़ तो नहीं रहे थे, लेकिन उनका चलना दौड़ने से कम भी न था।

सड़क पर जहाँ काम चल रहा था, उसी के पास एक बहुत पुराना मकान था, जिसकी छत में लकड़ी की पट्टियाँ काली तो हो ही गई थी, कहीं कहीं से निकलने भी लगी थी। फलतः पट्टियों के ऊपर की पत्ती साफ दीखने लगी

थी। यही मकान लाला प्रीतलाल के दफ्तर का काम दे रहा था। अकेला कमरा। सामने की ओर दो झांकियों के अतिरिक्त केवल एक मात्र द्वार था।

लाला प्रीत लाल कुर्सी पर बैठा था। अन्य दिनों की भाँति उसका एक पैर दूसरी कुर्सी की बाजू पर और दूसरा मेज पर रखा था। दायें से पैन्सिल दाँतों के बीच घूम रही थी। मेज पर पाँच सात कागजों के अतिरिक्त कुछ न था।

"लाला जी क्या मैं अन्दर आ सकता हूँ?" एक आवाज आई तो लाला ने कह दिया, "आ जाओ" लेकिन उसकी स्थिति में कोई अन्तर नहीं आया। एक आकृति ने कमरे में प्रवेश किया तो वह बोला, "तुम...गिरिया!!!...तुम्हें किसने बुलाया? क्यों आये? और हाँ आज काम पर इतनी देरी से..." वह कहे जा रहा था कि जैसे उसे अचानक ध्यान आ गया, "ओफ! तो यह बात है। अब मुझे ध्यान आया...तुम्हारे डेढ़ सौ रुपये बनते हैं लेकिन तुम्हें मिलेंगे नहीं, क्योंकि तुमने ईमानदारी से काम नहीं किया। इसमें भी पता नहीं कितने सच्चे हैं और कितने..."

"लाला जी पैसा चाहे एक भी मत दो लेकिन मुझे बेईमान मत बनाओ। मेरे इन डेढ़ सौ से आप अधिक धनी होने वाले नहीं हैं। हाँ, मेरा कचूमर जरूर निकल जायेगा। वैसे आप करेंगे तो अपने मन का ही" गिरीश ने लाला की बात काटते हुए कहा तो लाला प्रीत लाल ने, एक कागज, जिस पर टिकट लगा था उसकी ओर बढ़ाते हुए कहा, "नहीं तो मैं तुमसे पूछ कर किया करूँगा, ले दस्तखत कर।"

"हस्ताक्षर तो मैं कर दूँगा लाला जी लेकिन पैसे," गिरीश के शब्द थे जिन्हें सुनते ही प्रीतलाल ने अपने पैर नीचे किये, सम्भल कर बैठा और बोला, "पैसे? कैसे पैसे? बेईमान, ले दस्तख्त कर दे नहीं तो खैर नहीं।"

"यह तो सम्भव नहीं होगा लाला जी।" पैसे आप एक हाथ में देंगे तभी दूसरे से हस्ताक्षर होंगे। नहीं तो," और इससे पूर्व कि गिरीश कुछ कहता प्रीतलाल का दायाँ हाथ उसके बाँये गाल की ओर बड़ी तेजी से बढ़ गया।"

लेकिन...जब प्रीत लाल ने देखा कि गिरीश अचेत हो गया है तो वह डठा और उसका पैर अपने पैर से हिलाते हुए बोला, "नीच, बेईमान, उठ..."

गिरीश के मुँह से रक्त आ रहा था। ओंठ कुछ हिले तो, "ला...ला..., ह...रा...म...जा...दे..." शब्दों का आभास हुआ। ओंठ फिर बन्द हो गये...

प्रीतलाल की समझ में नहीं आ रहा था कि क्या करे वह जोर से चीखा, ''नीरे...।''

''आया लाला जी'' उत्तर में एक भारी सी आवाज आई और मरे से शरीर तथा पाँच फुट साढ़े दस ईंच लम्बे कद का एक नवयुवक तेजी से अन्दर आया, तो देखते ही प्रीत लाल ने कहा, ''नीरे! इसे निबटा, तेरी जो माँग होगी पूरी की जायेगी,''

''लाला जी वे दिन उड़ गये जब मच्छर मूली खाया करते थे'' उस युवक ने कहा। प्रीतलाल ने एकदम अनपेक्षित शब्द सुने तो उसके मुँह पर हवाइयाँ उड़ने लगी। उसके हाँफते ओठों से निकला, ''मैं समझा नहीं...।''

''अभी समझ आयेगा लाला, तूने मुझसे कई मजदूरों के गले कटवाए हैं, इस बार मुझे समझ आ चुकी है।'' वह बोला था। प्रीत लाल, लाल हो उठा, ''नीरे, मेरा ही नमक खाता है और...''

''चुप रहो लाला। मैं जानता हूँ जैसा नमक मुझे मिलता है। बीस का काम करता हूँ, पाँच भी नहीं मिलते। अहसान अलग। नमक का अर्थ जानते हो? गये हो कभी स्कूल में? इस उल्टी भाषा के दो शब्द सीखने से ही ज्ञान नहीं हो जाता और जिसे ज्ञान न हो वह भला नमक...। लाला नमक उसका है जो परिश्रम करता है। गिरीश ने मेरे साथ बारहवीं की है काम क्या मिला?...जिसे अनपढ़ भी करने से हिचकिचाते हैं। लेकिन यह मेरी मूर्खता थी कि मैं अपने आपको भूल पैसे के पीछे दौड़ने लगा। तुमने मेरा नाज़ायज़ फायदा उठाया और कहते हो...नमक...। हाँ...हाँ...। खैर मेरी आँख तो खुली, पर दोस्त की जान जाने पर। मुझे सौगन्ध है यदि इस लाला के बच्चे को...''

''ले नीरे ले जा नहीं तो पछतायेगा...जा इसकी भी मिट्टी...'' युवक कह रहा था तो लाला ने सौ...सौ...के पाँच नोट उसकी ओर बढ़ाते हुए कहा।

''लाला इसकी मिट्टी के साथ तुम्हारी मिट्टी उड़ चुकी है। मैं तुम्हारा।...''

14
महंगू का ट्रांजिस्टर

अंधे भजनीक बस्तीराम का प्रवचन चल रहा था। वस्तुतः उसकी शैली ही थी भजन के माध्यम से आर्य समाज की विचारधारा का प्रचार करना। जाति से ब्राह्मण और नेत्रहीन होने के बावजूद वह अपनी आर्य समाजी मान्यताओं से प्रतिबद्ध था।

'भजन' हरियाणे और पश्चिमी उत्तर प्रदेश की एक लोक शैली है। इसमें वक्ता एक अच्छा गायक होता है और किसी कथावस्तु को अवलम्ब बनाकर अपनी गेय शक्ति के द्वारा श्रोताओं को प्रभावित करने का प्रयास करता है।

ऐसा ही एक भजन चल रहा है, "...इतना होने के बावजूद मनु महाराज की जितनी कमियां निकाली जाएँ कम हैं। यही तो आज कल का फैशन भी है। हम भी पीछे क्यों रहें। लेकिन क्या आपने कभी सोचा है कि हमारे यहाँ इतने भेदभाव क्यों हैं?...

"वर्ष में कभी भी स्नान न करने वाला 'ब्राह्मण' है, भले ही शरीर से दुर्गन्ध आ रही हो। एकदम निरक्षर, काला अक्षर भैंस बराबर संस्कृत तो क्या हिन्दी भी बोलना तक न जानता हो। लेकिन जाति-दम्भ है। अपेक्षा है कि दूसरे उसके चरण स्पर्श करें, नमस्कार करें। दूसरी ओर पढ़ा लिखा सुसंस्कृत, स्वच्छ, हेय दृष्टि से देखा जाता है, क्यों उसका जन्म शूद्र के यहाँ हुआ। ऐसा युवक मनु महाराज को गाली नहीं तो क्या सुहाली देगा ?"

"मारो स्साले को, क्रिस्तान है।" एक आवाज आई।

"हाँ, हाँ धर्म विरोधी है" दूसरा भी क्यों पीछे रहता। किन्तु न कहीं हड़बड़ी

मची। न पत्थर बाजी हुई। भजनीक बस्तीराम ने ताल दी। ढोलकिये ने साथ दिया और भगीरथ का बोल उठा,

''बस यहीं आचरण ले डूबा इस हिन्दुस्थान को

अरे यहा मिला सम्मान सदा से बे इमान को''

फिर चिमटे, हारमोनियम और ढोलकिये की सम्मिलित आवाजों ने इस 'बन्द' को यूँ आगे बढ़ाया कि 'वर्षा' होने लगी। पानी की नहीं, संगीत की।

''बई वाह मजा आ गया...''

किस्सा जयद्रथ वध का था। बीच बीच में स्वामी दयानन्द सरस्वती के विचारों की पुट देना बस्तीराम की शैली थी।

''तो सज्जनो, कौरव सेना में जयद्रथ की खोज करते हुए अर्जुन इस प्रकार बढ़ रहा था जैसे इस गाँव में कोई महात्मा आये और किसी ऐसे घर की तालाश करे जिसमें,

हुक्का ना बजता हो,

रुक्का ना मचता हो,

शिक्षा का परचार हुआ हो

कभी नहीं व्यभिचार हुआ हो

दे सकता है चरण धूल वह उसी मकान को

अरे, यहाँ मिला सम्मान सदा से बे इमान को।

चारों ओर अँधेरा घुट रहा था। यद्यपि लालटैन की मद्धिम सी रौशनी बस उस चौकी के पास ही थी जिस पर भजनीक जी बैठे हुए थे। किन्तु श्रोताओं के बीच मची हलचल महसूस की जा सकती थी।

ब्राह्मणों का गाँव भन्दौड़ा। पश्चिमी उत्तर प्रदेश के मुजफ्फर नगर जनपद में शामली–मुजफ्फर नगर मार्ग से हटकर लगभग चार किलोमीटर की दूरी पर बाबरी के पास बसा। एकदम पिछड़ा हुआ। प्राथमिक विद्यालय तो है पर उसे भी ढंग से नहीं चलने दिया जाता। ब्राह्मणों का गाँव है न। यहाँ के लोग तो जन्मजात पण्डित हैं, इन्हें पढ़ने लिखने की क्या आवश्यकता?

उधर भजनीक बस्तीराम की सीधी चोट और इधर अनपढ़ अनघड़ ब्राह्मणों

का अहं। उनके लिए सुनना कठिन हो रहा था। किन्तु जिसने भजनीक को अपने घेर (परिसर) में भजनों के लिए बुलाया हुआ था, उसका रुतबा और रौब ऐसा था कि किसी की हिम्मत नहीं हो रही थी, विरोध करने की। फिर भी...

"पण्डज्जी, महाभारत कराने आये हो या महाभारत सुनाने?" एक ने अत्यन्त क्रोध में पूछा था।

"जो घटना होती है वही तो सुनाई जा सकती है"। भजनीक ने एकदम सहज स्वभाव से उत्तर दिया और नकलची ने नकल ठोकी,

जनम लिया बाम्हन के घर में करम किये बेकार

सुध बुध जिनकी ठीक हो इनसे भले चमार

अरे भई इनसे भले चमार देखते रहियो

भिखमंगों को बाम्हन भाई कभी न कहियो,

आगे इस 'बन्द' को भजनीक ने अपने छन्द में ढालते हुए योग दिया,

शिक्षित ही ब्राह्मण सदा प्रस्तुत विद्यादान को

अरे यहाँ मिला सम्मान सदा से बे इमान को ।

भजनीक के तेवर इस कदर तीखे थे कि आईक्रीम में भी उबाल आ जाये। लेकिन दयानन्द की यही शैली तो इस अक्खड़ और निहायत गँवार क्षेत्र के लिए सटीक भी है। कहने की आवश्यकता नहीं कि जिस पछाँह में बापू को तू कहकर सम्बोधित किया जाता हो, तम (तुम का अपभ्रंश) अत्यन्त शालीनता और आदर का सूचक माना जाता हो, भन्दौड़ा उसी क्षेत्र का एक प्रतिनिधि गाँव है। हाण्डी के चावल सरीखा।

स्वामी दयानन्द की यह शैली वस्तुतः जहर को जहर से मारने, फोड़े की शल्य चिकित्सा से ठीक करने और लोहे को ठीक तब पीटने पर सटीक बैठती है जब वह 'गरम' हो। 'गरमी' खाये, ब्राह्मण दयानन्द जी के जीवन काल में भी उनके शत्रु थे और बाद में भी। लेकिन यह भी सच है कि दयानन्द ने ब्राह्मणों को पढ़ने पढ़ाने को विवश किया, केवल न्यौते जीमने वाले 'बाम्हनों' की जमात में से उठाकर समादृत समाज में लाकर बैठाया।

"ब्राह्मण काम क्यों नहीं करते? साफ सुथरे क्यों नहीं रहते? इनके गाँव

तरक्की में पीछे क्यों हैं? क्या आपमें से किसी के पास मेरे इन प्रश्नों का उत्तर है?'' बस्तीराम ने ऐलानिये स्वर में प्रश्न फेंक दिये थे।

''हाँ हैं। इनमें शिक्षा की कमी है।'' उत्तर महंगू पण्डत का था। श्रोताओं की गर्दनें उसी ओर मुड़ गयी थी जिस ओर से यह आवाज आई थी।

''यह कौन बस्तीराम का बाप आ गया?'' एक बड़बड़ाया था।

''अरै, तिलकू पण्डत का महंगू है। दो अक्खर पढ़ कै शहर क्या चल्या गया, अपणे आपकु गाम का बुजरग समझण लग्या है।'' एक ने जवाब दिया तो दूसरा क्यों पीछे रहता, ''शहर मैं बी के है, चपड़ासी। यहां बड़े बुजरगों का हुक्का नहीं भरा गया। वहां पता नी किस किसकी तवज्जो करता फिरतार रहै। गाम मैं आकर बातें बनाता है, रेडू लिये बजाता घूमता रहता है।''

आपस में अवश्य ही फुसफुसाहट थी, किन्तु कोई कुछ बोल नहीं रहा था। ''मुँह फट है, पता नहीं क्या कह दे।''

बस्तीराम को तो एक और हिमायती मिल गया था। उसने शाबासी दी और अपना काम जारी रखते हुए कहा,

''लेकिन अर्जुन के सामने कौरव सेना के एक से एक यौद्धा इस प्रकार आ खड़े होते थे जैसे कनागतों (श्राद्ध पक्ष) में बगल में थालियाँ दबाये बाम्हन...''

फिर भजनीक ने सीधे ब्राह्मणों पर चोट करने के बजाय कथावस्तु पर जोर देना शुरू किया। ठण्ड के दिन। गाँव की बात। आठ बजे ही आधी रात हो जाती है। यहाँ तो नौ बज चुके थे।

श्रोतागण भी एक-एक करके उठने लगे थे। चद्दरों या खेसों में मुँह लपेटे, बुक्कल मारे, ठिठुरते हुए अपने घरों की राह पकड़ना उनके लिए आवश्यक हो गया था। ऐसी स्थिति में बस्तीराम ने 'जय बोल देना' ही उचित समझा।

बोल नागर खेड़े की जय।

बाम्हनों के भन्दौड़े की जय॥

कल साढ़े पाँच बजे से यही किस्स आगे बढ़ेगा और अर्जुन जयद्रथ का वध कर देगा।

इधर जब बस्तीराम भन्दौड़े के ब्राह्मणों को जगाने का प्रयास कर रहा था, महंगू पण्डत अपना नया ट्रांजिस्टर बजाता हुआ घर की ओर चला। एक से एक

मधुर गीत 'रेडियो सीलोन' से आ रहे थे। उन दिनों हमारे देश में आकाशवाणी की तुलना में 'रेडियो सीलोन' अधिक लोकप्रिय था। आजकल के 'स्टार टीवी' से भी कहीं अधिक। एक से एक लेटैस्ट (अद्यतन) हिट गीत आ रहे थे। गाँव में रेडियो ट्रांजिस्टर लाने वाला पहला व्यक्ति होने के नाते महँगू गर्व से फूला नहीं समा रहा था। बड़ी सावधानी से ट्रांजिस्टर लिये जा ही रहा था कि संगम का गीत बज उठा,

''बोल राधा बोल, संगम होगा कि नहीं...''

उन दिनों यह गीत लोकप्रियता के तमाम कीर्तिमान तोड़ता हुआ आगे बढ़ रहा था।

''अरे ओ महँगू!'' महँगू का बाप तिलकू, जो भजनों में से ही आ रहा था, पीछे से चिल्लाया।

''हाँ बाप्पू''। महँगू ने उत्तर दिया।

''इसै बन्द कर लै, बहोत बढ़िया गाणा आरह्या, घरू अपणी माँ कु सुणाइये''

और वास्तव में महँगू ने ट्रांजिस्टर बन्द कर लिया था। घर जाकर वह अपनी माँ को यही गीत सुना पाया अथवा नहीं यह तो आप भली प्रकार जानते ही हैं लेकिन बस्तीराम की बातें अगले दिन गाँव भर में चर्चा का विषय बनी रही।

''ओम प्रकाश प्रधान नै इसै गाम मैं ल्याकै अच्छा नी कर्या।''

''अरै ल्याण वाल़ा बी बाम्हण, गाण वाल़ा बी बाम्हण, फेर बी बाम्हणु कु गाल़ी दे रह्या।''

''महाभारत का बहान्ना बनाकर खुली गाली...''

''सबसे मजे की बात तो ये रही कि गाँव का गाँव ये गाली सुणने भी खुशी से पहुँचा।''

''हाँ, ये तो मानणा पड़ैगा, बई आवाज मैं कसिस तो है''

और न जानें कैसी कैसी प्रतिक्रियाएं उसके चले जाने के बाद भी गाँव में चर्चा का विषय रही। छोटे गाँव में छोटी सी बात भी बड़ी चर्चा का कारण बन जाया करती है। लेकिन इन तमाम प्रतिक्रियाओं के बावजूद किसी में इतना साहस न हुआ कि ग्राम पंचायत के प्रधान पं० ओम प्रकाश से जाकर पूछ ले कि उसने

इस प्रकार सम्पूर्ण गाँव और जाति का अपमान क्यों कराया? कोई उसके कर्ज में डूबा पड़ा था तो किसी को दूसरा भय। गाँव प्रधान जो ठहरा। दूसरी ओर इस मान्यता के लोगों की भी कमी नहीं थी जो चाहते थे कि "हमारी तो जैसे गुजरी सो गुजर गई, आगे बच्चों को तो नई रौशनी का प्रकाश मिल जाना चाहिए।"

जब गाँव में यह चर्चा जोरों पर थी। हर नुक्कड़ पर जहां भी दो व्यक्ति मिलते, पक्ष अथवा विपक्ष में बहस छिड़ जाती थी। महँगू खेत पर 'फेरा मारने' गया था। उसकी माँ सुक्को पड़ौस में बतिया रही थी और बाप पं० ओम प्रकाश प्रधान का पैताना तोड़ रहा था। तब महँगू की पत्नी सरबती घर में अकेली थी। उसने सोचा, "मैं बी तो देक्खूँ यू बजणा डिब्बा रेडू कसा है?" उसने डरते-डरते उसे उठा लिया। हाथ, बड़ी सावधानी से, डरते डरते इधर उधर फिराया। कुछ ढेट खुला तो 'कुछ' ऐंठने, घुमाने का प्रयास किया। पता नहीं कैसे हुआ कि ट्रांजिस्टर बज उठा।

ट्रांजिस्टर का बजना सरबती के लिए मुसीबत बन गया था। वह इसे बन्द करना चाहती थी किन्तु क्या करे? न बजाना जानती थी और न बन्द करना आता है। इतनी बुद्धि भी नहीं कि जिसे ऐंठकर चलाया है उसी को उल्टी दिशा में ऐठँ कर देख ले।

"अब खैर नी, वह आयेगा अत मार पड़ेगी। बच्चे जैसा रखता है, किसी को भी तो हाथ नहीं लगाने देता। अब क्या होगा?" वह घबराई हुई थी। कुछ जुगत लगाने का प्रयास कर रही थी कि उसके दिमाग में आया। उसने ट्रांजिस्टर को एक खाट पर रखा और उसके ऊपर घर की तमाम रजाइयाँ डाल दी। फिर भी रिस रिस कर उसका स्वर आ ही रहा था और सरबती, ज्यों ज्यों यह स्वर सुनती, उसे रोना आता।

ठीक तभी बाहर किसी के पैरों की आहट हुई। वह समझ गई कि महँगू आ गया है। अब खैर नहीं। करे भी तो क्या? वह तेजी से दरवाजे पर पहुँची और किवाड़ ढुका कर उनसे पीठ सटाकर खड़ी हो गई।

महँगू ने रवाजा खटखटाया। उसने नहीं खोला। कई बार खटखटाने पर भी नहीं खोला तो वह चिल्लाया। अब सरबती ने सोचा कि यूँ तो उसे और अधिक क्रोध आ जायेगा जो ठीक नहीं। वह धीरे से हटी। दरवाजा खुला। ज्यों ही महँगू अन्दर घुसा वह पैरों में पड़ गई।

"मैं गलती नी करी, मैं तो बस देख रही थी पता नी क्यूक्कर बज पड्या, मुझै माफ कर दे, फेर कधी हात नी लगाऊँ"

खैर, पत्नी ही तो थी। वह शान्त ही रहा और रजाइयों के नीचे से निकालकर ट्रांजिस्टर बन्द कर दिया।

महँगू 'शहर' में किसी रईस के यहाँ नौकरी करता था। इस सम्पूर्ण जनपद में 'शहर' का तात्पर्य दिल्ली, मेरठ अथवा अन्य किसी नगर से नहीं वरन 'मुजफ्फर नगर' से है। यह वही मुजफ्फर नगर है जहाँ की गुड़ मण्डी देश भर में प्रसिद्ध है।

बस्तीराम भजनीक तो अपनी कहकर चला गया था किन्तु कई लोगों को उसकी बातें लग गई थीं। महँगू भी उनमें से एक था। किन्तु इस निरक्षरता, दरिद्रता में से निकलने का कोई रास्ता भी उसे दिखाई नहीं दे रहा था। शहर जाकर बस जाना पलायन है। इससे तो बस उसी को लाभ हो सकता है गाँव तो ज्यों का त्यों रहेगा। यद्यपि उसमें यह सब सोचने की बुद्धि नहीं थी, फिर भी गाँव से लगाव परिजनों का प्रेम उसे गाँव में ही कुछ करने को प्रेरित कर रहा था।

उसी की मानसिकता के और कई युवक एक साथ हुए और इन सबने बीड़ा उठाया, सफाई करने का। सफाई अभियान चला। 'अब बाम्हन के लौण्डे गलियाँ साफ किया करेंगे' पहली प्रतिक्रिया थी। ओम प्रकाश प्रधान का इन्हें सहारा था। लेकिन वह दूसरों का तो ठेका नहीं ले सकता न। जब ये नवयुवक गलियाँ साफ करते हुए रामलाल पण्डत के घेर के सामने पहुँचे तो उसने डाँट पिला दी।

"खबरदार अगर किसी ने इधर झाँकने का भी साहस किया"

इधर भी नया खून था। पहले कहा सुनी और फिर लट्ठम लट्ठा। दोनों ओर से कई जने घायल हुए। थाने में रपट लिखाई गई। पैसे के बल पर जब महँगू और उसके साथियों को रामलाल ने डकैती के मामले में फँसाने का इन्तजाम किया, तो उन्हें ओम प्रकाश प्रधान छुड़ाकर तो ले आया लेकिन इस 'समाज सेवा' के लिए पुनः तैयार नहीं कर सका। आज भी इस गाँव के घर घर में सुक्को, तिलकू, सरबती और महँगू भरे पड़े हैं। भजनीक भी शायद रास्ता भूल गया है। वह महँगू तो अन्तिम साँसे गिन रहा है उसका ट्रांजिस्टर जो यूँ तो दसियों वर्ष बजा पर अब बस अजायबघर की चीज बना महँगू के अन्तिम दिन की प्रतीक्षा कर रहा है।

15
लंगड़ी गाय

रगबीर पण्डत की आर्थिक स्थिति अपने बच्चों के लिए दूध का प्रबन्ध करने की तो न थी लेकिन उसने दो ब्यातें के बाद वाली एक ब्यासन की नीली गाय खरीद ही ली। बापू और छोटे भाई (मझले) की पत्नी नाराज भी हुए लेकिन होते रहें। पन्द्रह दिन बाद ही नीली गाय ने एक बछिया को जन्म दिया। बछिया हुई तो नीली गाय की कीमत गिर गई पर उन्हें वह बेचनी तो थी नहीं। उधर वह बछिया भी अगले पैर से लगड़ी थी। एक पैर मुड़ा हुआ था। गाँव में उसे गहनवा कहा जाता था। वैसे वह लंगड़ी बछिया कम तेज नहीं दौड़ती थी। किसी को आगे भी वह न निकलने देती। टक्कर मारना और खाना उसके लिए आम बात हो गई थी। इससे पड़ौसियों के साथ रगबीर की कहासुनी प्रायः होती रहती। कोई कहता (या कहती) ''बाँध के क्यों नहीं रखते'' और कोई, ''आँखें फूट गई, खुली छोड़ देते हैं, जब पता है कि यह कम्बख़्त दूसरे पशुओं को देखकर सेली नहीं तब इसे खोलते ही क्यों हैं?''

पहले कुछ दिन तो रगबीर ने उन्हें जवाब भी दिए। कहासुनी भी हुई। परन्तु फिर तंग आकर उसने लँगड़ी बछिया को खूँटे से खोलना ही बन्द कर दिया। खूँटे पर ही उसे पानी पिलाना, वहीं घास डालना बस। लँगड़ी को यह भी पसन्द न था। गाय बैल यों ही स्वतन्त्र नहीं होते, फिर इतनी भारी बन्दिश; लँगड़ी कुढ़ उठी। पर मूक/पशु/असहाय करे भी तो क्या? बस जो भी उसे घास डालने जाता अथवा पानी पिलाता उसी को मारने दौड़ती। बँधी थी दौड़ तो कहाँ पाती, हाँ अपना क्रोध व्यक्त करती। यदि उसके नीचे अधिक गीला हो जाता और खूँटा

बदलने के लिए उसे खोलना होता तो वहीं उसे अवसर मिल जाता और वह रस्सी छुड़ाने की भरसक कोशिश करती। यह बात अलग है कि उसकी यह कोशिश प्रायः असफल ही रहती।

दूसरी बार 'नीली' ने बछड़ा दिया। नस्लदार था। कई ग्राहक लगे, मूल्य काफी चढ़ा परन्तु रगबीर टस से मस न हुआ। उसने साफ कह दिया, ''कीमत गाय की नहीं बछड़े की है, आज ही पान सौ का है। लेकिन हमारा भी तो अच्छे बैल चलाने को जी चाहता है। हम भी खेती करते हैं, कोई चमार चट्टे नहीं हैं जो मीहनत करके काम चलालेंगे।'' यह मीहनत शब्द मेहनत का अपभ्रंश है, जिसके अर्थ से शायद रगबीर परिचित रहा हो परन्तु उसकी भाषा में तो यह शब्द अपने उस अर्थ में रूढ़ हो गया है जिसे सुबह से दोपहर तक खुर्पे से काम करने के लिए सवा सेर और फावड़े से काम करने के लिए ढाई सेर आनाज मिलता है और यह काम भी उसे प्रतिदिन नहीं, कभी कभी ही मिल पाता है।

रगबीर का इस बार का दृढ़ निश्चय। उसकी आर्थिक दशा में सुधार का सूचक। डेढ़ वर्ष पूर्व जब 'नीली' पहली बार ब्याई थी तो रगबीर के परिवार पर चार सौ रुपए का कर्ज अब घटकर दो सौ रह गया था। डेढ़ वर्ष में उसकी यह प्रगति कम नहीं थी। एक भाई नौकर हो गया था और क्या चाहिए और वह भी सरकारी। सरकार की नौकरी से अच्छा काम कुछ नहीं समझा जाता न।

डेढ़ वर्ष के उपरान्त 'नीली' ने फिर बछड़ा दिया। ग्राहक फिर लगे। परन्तु रगबीर ने साफ कह दिया अब तो जोड़ी हो जाएगी। बहुत दिन हो गए बूढ़े बैलों की पूँछ मरोड़ते। जब जोड़ी पर जवानी चढ़ेगी तब देखना खेती के पौ बारह!

रगबीर के परिवार पर इस बार कर्ज पाँच सौ से ऊपर था। परन्तु थी उसे खुशी। पहले तो उसके एक भतीजे ने और जन्म ले लिया था। दूसरे जो जमीन अब तक जमीन्दार की थी और रगबीर व उसका परिवार दिन रात उसमें एक करके जो आनाज आदि पैदा करते थे, उसका अधिकतम भाग जमीन्दार के घर मालगुजारी के रूप में चला जाता था। अब वह उसकी अपनी हो गई थी। आजादी के बाद आई अपनी सरकार ने जमीन्दारी प्रथा समाप्त कर दी थी और जो बो रहा था जमीन उसी की हो गई थी। हाँ इसके लिए माल गुजारी का दस गुना एक ही बार में बोने वाले को सरकारी खजाने में जमा करना पड़ा था। जिससे कर्ज में वृद्धि हुई परन्तु इससे उसे या उसके परिवार को चिन्ता नहीं थी क्योंकि यह तो भलाई के लिए ही हुआ था।

रबी की फसल घर में आई तो जैसे चाँदना ही हो गया। कुछ मँझले ने पैसे भेज दिए कुछ आनाज बेच दिया और कर्ज साफ। रगबीर ही नहीं उसके बापू के जीवन में भी यह पहला अवसर था जब वह पूर्णतः कर्ज मुक्त हुआ।

'नीली' लगभग चौदह महीने तक दूध देती इसके बाद चार महीने दूध नहीं होता था। फिर जब ब्या जाती तब दूध होता। इस बार अब तक दूध हो ही रहा था कि एक दिन रगबीर के बड़े भतीजे पासू ने बड़े प्यार से उसे कहा, ''ताऊ इब तो गाँ थोड़ा दूध देण लगी दो चार दिन मैं बन्द ई कर दैगी फेर हम बिना दूध के रह जांगे?''

रगबीर को कुछ अहसास हुआ और उसने उत्तर दिया, ''नहीं बेटे इस बार तुम्हारे लिए भैंस लेने की सोच रहे हैं।''

''भैंस!''

''हाँ, क्यों, अचम्भा कैसा?''

''फिर तो बहोत दूध होगा न।''

''हाँ, हाँ पर''

और इससे पहले कि रगबीर कुछ आगे कहे पासू, ''हो हो, भैंस आएगी मजे आएंगे'' चिल्लाता हुआ बाहर भाग गया। कितनी खुशी थी उसे?

रगबीर का उस समय तक भैंस लेने का कोई विचार न था। उसने बालक पासू को बहकाने के लिए ही यह कहा था परन्तु अब पासू उठते बैठते यही प्रश्न करने लगा कि, ''भैंस कदकू आवैगी ताऊ?''

मँझला भी छुट्टी आया। रगबीर और उसने सलाह की और तीन सौ बीस रुपए की एक भैंस खरीद ली। नीचे कटड़ा था, इसलिए पचास रुपए सस्ती भी मिल गई। ''कटिया होती तो पौने चार सौ से कम न थी'' एक दलाल ने बताया था।

अब रगबीर के घर में दो बैल, एक नीली, एक लँगड़ी बछिया, दो बछड़े और एक भैंस व एक उसका कटड़ा, कुल मिलाकर आठ पशु हो गए। कटड़ा और छोटा बछड़ा तो अभी घास नहीं ही खाते थे, हाँ बाकी पशुओं के लिए घास जुटाना एक समस्या ही रहने लगी। खेत में से लाने के बाद भी कई घण्टे खुट-खुट करते कुट्टी काटनी होती फिर खल भी, 'हरा' भी और बाँध खोल व देख भाल भी काफी करनी पड़ती।

'लँगड़ी' का कुछ तो स्वभाव ही चिड़चिड़ा और कुछ पशु अधिक हो जाने से उस पर ध्यान कम दिया जाने लगा। फिर उसके शरीर की बनावट ही ऐसी थी कि उसके 'हरी' होने की आशा किसी को नहीं थी। फल यह दुआ कि लँगड़ी को घास भी दूसरों के सामने का बचा खुचा या सूखा साखा ही डाला जाने लगा। यह देख वह कुढ़ उठती, पर करे भी तो क्या बँधी जो थी।

एक दिन लँगड़ी ने भूख में वह रस्सी ही चबानी शुरू कर दी, जिससे वह बँधी थी। कुछ ही देर में रस्सी कट गई। लँगड़ी की खुशी की कोई सीमा न थी। वह तुरन्त भैंस की खोर में जाकर घास खाने लगी। 'नीली' अब दूध नहीं देती थी, इसलिए उसे वह चारा न मिलता था जो दूध देने वाली भैंस को। उस दिन लँगड़ी की अच्छी दावत जमी। भैंस भूखी रह गई।

भौर होते ही रगबीर ने देखा लँगड़ी आँगन के बीच में बैठी थी। उसका मत्था ठिनका। जब देखा कि रस्सी मुँह से काटी गई है तब तो बड़ा गुस्सा आया। पर गऊँ माता समझकर उसने उसे उसी कटी हुई रस्सी में गाँठ मारकर बाँध दिया। भैंस के सामने पहले पानी रखा। फिर घास किया और बाल्टी लेकर दुहने के लिए कटड़ा छोड़ा। लेकिन यह क्या? भैंस ने कटड़ा नहीं लगाया। हाँ घास पर जुटी रही। रगबीर समझ गया कि भैंस भूखी रही है। इसका घास लँगड़ी ने खा लिया है। अब तो उसके गुस्से की सीमा न थी। उसने डण्डा उठाया और लँगड़ी के पिछले भाग में कई जमा दिए।

लँगड़ी को सन की रस्सी से बाँधे रखना अब एक समस्या हो गई थी। उसे काट देने का 'गुर' जो आ गया था। दो तीन दिन में ही तंग आकर रगबीर लोहे की एक जंजीर ले आया और लँगड़ी अब इससे बँध गई।

समय के साथ-साथ लँगड़ी की आदतें और बुरी होती गईं। पानी पिलाने या घास डालने वाले को भी वह मारने लगी। खोलने पर पीछे भाग पड़ती। घरवाले सभी तंग थे। परन्तु करें भी तो क्या ? जंजीरें भी उसने कई तोड़ दी थीं।

जब वह दौड़ती तो बड़ा ही अच्छा दृश्य उपस्थित होता। अगले दोनों पैर एक ही साथ उठाकर उछलती और फिर पिछले। साधारणत: चलते समय अपने मुड़े हुए पैर को दूसरे के ऊपर प्राय: रखती। पहले अच्छे वाला पैर आगे फिर मुड़ा हुआ उसके ऊपर, फिर धीरे से मुड़े हुए पैर को जमीन पर और फिर ठीक

पैर आगे। अजनबियों के लिए लँगड़ी का चलना और दौड़ना अच्छा तमाशा होता। कई बार वे काफी देर तक उसे देखते रह जाते। "भगवान भी क्या से क्या बना देता है।" कोई कहता और कोई 'ईश्वर की माया है' कहकर सन्तोष कर लेता। लेकिन इस सबसे लँगड़ी पर कोई प्रभाव न होता। उसे किसी से कुछ लेना देना न था। हाँ रगबीर और उसके घरवाले ही नहीं, कई पड़ौसी भी उससे तंग आ गए थे। जिसका फल यह हुआ कि लँगड़ी को इधर-उधर कर देने की योजनाएं बनने लगी। तरह तरह के परामर्श दिए जाने लगे।

एक दिन रगबीर ने लँगड़ी को दाग देकर छोड़ दिया। लँगड़ी बड़ी प्रसन्न थी। उस दिन इधर-उधर निकल गई। सन्ध्या तक कहीं पता नहीं रहा, सबने जैसे सुख की साँस ली।

प्रातः काल जब रगबीर ने जंगलपानी जाने के लिए किवाड़ खोले तो लँगड़ी बाहर ही बैठी थी। रगबीर को देखते ही खड़ी हो गई। और लाँख कोशिश करने के बावजूद अन्दर घुस ही गई। फिर लँगड़ी बाहर नहीं निकली। मार भी खाई, गालियों की तो गिनती ही क्या परन्तु व्यर्थ। ख़ैर, रगबीर ने उसकी खोर में घास डाल ही दिया और फिर जंजीर से बाँध भी दिया।

दो चार दिन लँगड़ी का व्यवहार कुछ अच्छा रहा परन्तु फिर वही उदमस्ती।

इस बार योजना बनी कि इसे ट्रक में चढ़ाकर किसी शहर में छोड़ दिया जाए। ट्रक वाले से बात की। चालक ने मुस्कराते हुए तीस रुपए में लँगड़ी को ले जाने का फैसला स्वीकार कर लिया। यह चालक की इच्छा थी कि वह लँगड़ी को कहाँ छोड़े, बस यहाँ से तो उसे ट्रक में चढ़ा देना था।

लँगड़ी को जब बाहर लाने के लिए खोला जाने लगा तो शेष सारे पशु उसकी ओर बड़े दया भाव से देख रहे थे। रगबीर जंजीर पकड़े चला और लँगड़ी उसके पीछे पीछे फुदकती फुदकती। दरवाज़े पर पहुँचते ही अचानक वह बैठ गई। और बस। उसने उठने का नाम नहीं लिया। बड़े यत्न किए गए, किन्तु व्यर्थ। चालक अपने ट्रक से एक बल्ली भी निकाल लाया और एक लाठी की सहायता से उसे ढकेलने का भी प्रयत्न किया। परन्तु लँगड़ी जैसे अँगद का पैर हो गई थी। लाचार होकर ट्रक वाला दुखी होता हुआ चला गया। उसके तीस रुपए ही नहीं वरन् लँगड़ी को किसी कसाई के हाथ बेच देने की उसकी मन ही मन बनाई गई योजना भी नाकामयाब रह गई थी।

काफी देर बाद लँगड़ी स्वयं ही उठकर अपने खूँटे पर पहुँच गई थी और वहाँ से बिना बाँधे भी कई दिन तक हिली भी न थी।

रगबीर ने अब सोच लिया था कि लँगड़ी को घर से न निकालेगा। वह उसे घास भी कुछ अच्छा डालने लगा, ''ठीक है शायद भगवान ने इसी के सहारे अच्छे दिन भेजे हों'' उसने कई बार कहा था।

खेत से उस दिन जब रगबीर आया तो लँगड़ी बैठी थी। पिछली ओर से देखने पर वह पहचान न सका उसने बापू से पूछा था, ''यह गाँय किसकी है?''

''कौन सी?'' बापू ने उल्टा प्रश्न किया।

''लँगड़ी की खोर पर जो बँधी है!''

''लँगड़ी ही तो है'' बापू ने बताया तो रगबीर सामने की ओर आया। वास्तव में उसे भ्रम था। उसी दिन उसने महसूस किया था कि लँगड़ी कुछ जड़ें निकाल रही है।

नीली बेच दी गई थी। हाँ उसके स्थान पर एक अन्य गाँय आ गई थी, जिसके नीचे बछड़ा था।

दिन सर्दी के थे। सभी पशु एक ही मकान में बाँधे जाते थे। प्रहर भर रात्रि व्यतीत होने से पूर्व ही उन्हें घास वगैरा डाल बाहर से कुण्डा लगा दिया जाता था।

''रात में तो जाड़े ने चाला कर दिया'' किसी ने कहा तो रगबीर ने उत्तर दिया, ''हाँ रजाई मैं तो पैर ही नहीं लगे।''

बापू ने जब किवाड़ खोलकर सुबह देखा तो उसके मुँह से निकला, ''अरे रगबीर रात में बछड़ा क्या खुला छोड़ दिया था?'' रगबीर, जो आँगन में घास कर रहा था बोला, ''नहीं तो।'' और बछड़े के खुलकर दूध पी जाने की आशंका से उसी मकान की ओर आया जहाँ पशु बंधे थे। अन्दर घुसने पर पता चला कि लँगड़ी गाँय ने एक बछिया दी है, यह वही है। सभी चकित थे। और बछिया ठिठुर रही थी। उसे गन्ने की पत्ती जला जलाकर सेंका गया। लँगड़ी की भी खातिर की गई। परन्तु एक तो बछिया को ठण्ड बहुत लग गई थी दूसरे लँगड़ी के नीचे दूध नहीं उतरा और तीसरे बछिया होने के कारण अधिक गौर भी उसकी नहीं की गई। फल यह हुआ कि बछिया तीन-चार दिन में ही मर गई।

रगबीर अविवाहित था। ये पशु और भाईयों के बच्चे ही उसके लिए अपनों से अधिक थे। इनसे उसका स्नेह बहुत ज्यादा था। किसी भी बच्चे या पशु का तनिक सा दु:ख उसके लिए असहनीय हो जाता। यही कारण था कि लँगड़ी की बछिया की मृत्यु का उसे बहुत दुख हुआ।

लँगड़ी अब वृद्ध हो चली थी। उसकी आदतें भी समय के साथ-साथ बदल गई थी। सारा दिन खुली रहने पर भी न तो वह किसी का उजाड़ ही करती और न इधर उधर भटकती ही। रगबीर भी उसे अच्छा घास डालता। दिन में पहली रोटी जो गाँय की होती, वह लँगड़ी को ही मिलती।

लँगड़ी दूर-दूर तक घूम आती लेकिन अब उलाहना किसी का न आता। आने जाने वाले प्राय: कहा करते, ''रगबीर की पूजा फल रही है'' कोई कहता, ''जब से लँगड़ी आयी है, रगबीर के दिन ही बदल गये। कहाँ वो भूखा नंगा ठिठुरता रगबीर परिवार और कहाँ यह हवेली।'' घास काटने के लिए भी मशीन लग गयी थी। छोटे भाई की शादी भी हो गई थी। अब उसके पाँच भतीजे थे। मौज थी। लेकिन काम में तन्मयता घटने के बजाय और भी बढ़ गयी। हर चीज का पूरा ध्यान रखता। इस बार जब उसने लँगड़ी में कुछ परिवर्तन पाया तो समझते देर न लगी कि ग्याभन है।

अब लँगड़ी का पूरा ध्यान रखा जाने लगा। घर भर में वह सम्मान की पात्र थी।

इस बार लँगड़ी ने बछड़ा दिया। रगबीर ने उसे 'छल्लड़' छोड़ दिया। उसके स्वास्थ्य, उसकी नस्ल और सेहत को देखकर किसी ने कहा था, ''पण्डज्जी! गुदड़ी में लाल मिला है।'' और रगबीर ने ऊपर हाथ उठाते हुए कहा, ''सब ईश्वर की माया है।''

''मेरी माया ताऊ!'' छत पर खेल रहे रगबीर के भतीजे ईश्वर ने पूछा था।

''हाँ बेटो हाँ, तुम्हारी ही है, तुम भी तो भगवान के ही रूप हो।''

चार वर्ष और बीत गये। लम्बी प्रतीक्षा के बाद रगबीर के भाई की पदोन्नति हुई थी। अब वह दरोगा हो गया था। गाँव में ही नहीं दूर दूर तक उसका आदर सम्मान होने लगा था। बापू के अक्खड़पन, रगबीर की सज्जनता के समन्वय की छत्र-छाया में एक भतीजा बी.ए. में दूसरा मैट्रिक में तीसरा सातवीं में पढ़ रहा था। शेष दोनों अभी छोटे थे कि उसके सबसे छोटे भतीजे को हैजा हुआ। और वह न रहा।

दु:ख सभी को हुआ लेकिन रगबीर के लिए यह दु:ख असहनीय था। यों तो उसे कई दिन से ज्वर आ रहा था लेकिन इस सदमें को वह सहन न कर सका। तीसरे दिन उसे भी हैजा हुआ। जैसी भी गाँव में या आस पास हो सकती थी, दवा दारू की गयी, लेकिन व्यर्थ। सन्ध्या का सूर्य जब मुँह छुपाने की तैयारी में था, रगबीर ने, अपने सम्पूर्ण परिवार की उपस्थिति में अन्तिम साँस ली।

उसके परिवार वालों की तो जो दशा हुई सो हुई ही, लेकिन जब अर्थी चली तो लँगड़ी टुकर टुकर एकटक देख रही थी, आँसू बह रहे थे।

''गाँय नहीं, किसी जनम की देवी है'' किसी ने कहा था।

''कम्बख्त है मालिक को ही खा गयी'' किवाड़ के पीछे खड़ी एक बुढ़िया ने कहा। रगबीर के छोटे भाई ने सुना, लेकिन जहर पीकर रह गया। ''घर में जब मौत हो गयी तो अपने भाग्य ही पोच हैं, दूसरों को हँसने से कैसे रोकें।'' उसने सोचा था। पन्द्रह दिनों के बीतते न बीतते लंगड़ी ने भी आखिरी सॉस ले ली थी।

16
अधिकारी

वह 'आबु रोड' का स्टेशन (रथस्थल) था। इससे पूर्व कि रेलगाड़ी (अग्निरथ) आकर रुकती, विभिन्न प्रकार के संगीत से रथस्थल गूंज उठा। कहीं ढोल की भयंकर ध्वनि तो कहीं रणसिंह का निनाद। कहीं अंग्रेजी लहरें, तो कहीं देशी राग। जीवन अस्त-व्यस्त किन्तु लय से। आशाविहीन किन्तु जय से। ऐसी भीड़ 'लज्जो' ने कभी पहले वहां न देखी थी और इसके पूर्व कि वह किसी से कुछ पूछती रथस्थल जय भारत, बांगला देश जिन्दाबाद और याह्या भुट्टो हाय! हाय! से गूंज उठा। सम्पूर्ण 'आबु' की जनता जैसे आज रथस्थल पर ही आ गयी थी। एक एक कर, डिब्बों में बच्चे से बूढ़े तक घुसते और जो भी खाखी या हरे से सैनिकी रंग के कपड़ों में मिलता अथवा जिनके भी तनिक सा भी सुरक्षा सेना में होने का अनुमान लगता, उसी को बलपूर्वक नीचे उतार लेते, युवतियां जहां उनका टीका लगा लगाकर स्वागत करतीं, वहीं युवक उनके हाथों में मिठाई और नमकीन के पुस्तड़े थमा देते, चाय की पतीलियां उलट पड़तीं। शकोरे, प्याले और ग्लास भर जाते और रथस्थल गूंज उठता, 'जय भारत'!

जैसलमेर से ही जब दिनेश अग्निरथ में बैठा था तो उसने अपने आराम के लिये सैनिकी कमीज़ उतार कर कुर्ता पहन लिया था, किन्तु नीचे पतलून वही थी। रथस्थल आने से पूर्व ही वह शोचालय में गया और अब जब निकला तो उनकी पतलून के ऊपर अंगोछा बंधा था, हाथ में साबुन और नेत्र रथस्थल के दूर के एक छोर पर।

एक अधरानी आयु के श्रीमान जी ने दिनेश को देखा और तुरन्त कह उठा, "आइये, आइये श्रीमान जी आप भी आइये।"

"अरे भई क्या बात हुई, मैं कहां आऊँ?" वैसे दिनेश ने जोधपुर की घटनाओं से ही अनुमान लगा लिया था कि वह क्या कह रहा था। किन्तु फिर भी उसने अनजान बनने का प्रयत्न करते हुए पूछा ही। एक दूसरे महाशय जी ने उनका अंगोछा अपने हाथ में ले लिया और जब साबुन लेने का प्रयत्न कर रहे थे कि दिनेश ने कहा, "अच्छा आप छोड़ तो दीजिये, मैं अभी आया जरा यह सामान रख दूँ।"

"नहीं साहब, मैं रखकर आता हूँ आप नीचे चलिये...हाँ तो कौन सा है आपका स्थान?" उन महाशय ने कहा, "अंगोछा व साबुन उसके हाथों में था। तभी दिनेश ने एक बैठक (सीट) की ओर संकेत किया और उन महाशय ने वह सामान वहीं जा रखा।"

उधर उन श्रीमान जी ने बड़े आदर के साथ दिनेश को नीचे उतारा। अग्निरथ के डिब्बे से बाहर ज्यों ही दिनेश ने पैर रखा तो उसका मन घूम गया उसे ध्यान आया वह दिन जब इसी रथस्थल पर दिल्ली की ओर जाने के लिये उसने एक डिब्बे में अपना सामान रखा तो उसे एक बड़े से पेट वाले सज्जन ने बाहर ढकेल दिया था।

जब उसने अपना सामान फिर रखने का प्रयत्न किया तो एक दूसरे सज्जन ने और ठिठका कर कहा था, "आप किसी और डिब्बे में क्यों नहीं चले जाते।"

"अरे भई जगह ही कहां है, सब जगह भारी भीड़ है। पैर रखने को भी स्थान नहीं।" दिनेश ने कहा था।

"तो आप समझते हैं कि यहां आपके लिये चारपाई बिछी पड़ी है आओ और लेट जाओ।" उन सज्जन ने कहा, "हाँ भई यह मिलट्री वाले भी खामखाँ सिर होते फिरते हैं। देखो ना कहाँ है यहाँ जगह" सहयोगी ने सहयोग दिया।

"क्या करें यह सरकार ही औरतों और मिलट्री वालों की रह गयी है" तीसरे एक और कहने लगे..."देखो आप ही देखो, इनके स्थान सुरक्षित हैं, हम उनमें नहीं जा सकते और एक यह साहब हैं कि इन्हें यहाँ आना सूझता है।"

"भाई साहब, आप कहीं और देख लीजिये" फिर उन्हीं सज्जन ने कहा।

अरे भई यह शान्ति से मानने वाले नहीं हैं, डण्डे के मित्र हैं, धक्का दे दो इन्हें" सहयोगी ने फिर सहयोग दिया।

''क्या कहा?'' दिनेश लाल हो चुका था। ''फिर से कहना एक बार...समझता क्या है अपने आपको...इसी गाड़ी से जाने का विचार है या किसी और से... यदि इस बार मुँह खुला तो बिस्तर में दे दूँगा...'' और दिनेश ने अति शीघ्रता से अपना सामान डिब्बे के अन्दर शौचालय के निकट रख लिया।

''किस बूते पर बोलते हो सैनिक साहब, सौ रुपये के?'' उन सज्जन ने कहा था।

''सौ रुपये के बूते पर नहीं इनके बूते पर'' दिनेश ने बाँहों पर हाथ फेरे।

''बड़े देखे हैं, इस बूतेवाले तो, खैर आप आ ही गये तो बैठ जाईये।'' सहयोगी जी ने कहा।

''बैठना तो मुझे है ही, लेकिन तुम अपने मन की निकाल लो।''

उन श्रीमान जी ने दिनेश का हाथ पकड़कर आगे रखी कुर्सी की ओर संकेत किया तो दिनेश का ध्यान टूटा और उसे पता चला कि अन्तिम शब्द उसने केवल सोचे ही नहीं थे, वरन् बोल भी दिये थे और फिर वह केवल ओफ कह सका था।

उन श्रीमान जी ने हिचकते हुए कहा था कि ''अजी साहब हमें मन की क्या निकालनी है, हम तो आपके सेवक हैं।''

''नहीं नहीं ऐसा कुछ नहीं है साहब' ' दिनेश ने कहा।

''लो साहब लड्डू लोगे या बर्फियाँ'' एक अट्ठारह बीस वर्ष के युवक ने तभी थाल आगे करते हुए कहा।

''नहीं धन्यवाद मुझे तो आप थोड़ा पानी ला दीजिये वैसे मैं स्वयं भी पी लूँगा आप क्यों कष्ट उठा रहे हैं।'' दिनेश ने आभार प्रकट किया। किन्तु इससे पूर्व कि वह कुछ ध्यान देता तीन गिलास उसकी ओर बढ़ गये।

''नहीं साहब पानी नहीं आप ठंडा पीजिये। एक चौथा हाथ बढ़ा...दिनेश के लिये यह सम्भव न था कि वह तुरन्त अपना निर्णय ले सकता कि क्या करे...

''नहीं...भाई नहीं...मुझे कुछ नहीं चाहिये। आप सब खड़े क्यों हैं? बैठ जाईये, देखिये न आप तो सभी मुझसे आयु में भी बड़े हैं।''

क्या बात करते हैं साहब आप? भला आपने जो कार्य किया है, उसका

इतिहास में कहाँ मेल है। गोली तो क्या हम तो चिड़िया से डर जाते हैं। अरे हाँ नत्थू, साहब को ठण्डा ही पिला।

दिनेश ने रंगीन सी बोतल पकड़ी और धीरे-धीरे घूँटना आरम्भ किया। थाल में रखी एक दो मिठाइयाँ ली और कुछ नमकीन।

डिब्बे के अन्दर से एक नभ सैनिक ने निकलकर द्वार पर कुछ चिपका दिया। जनता उसी पर टूट पड़ी। यह कुछ और नहीं इन कथित वीरों के द्वारा लौंगेवाला व आसपास में किये गये भस्माभूत का लेखा था

स्क्वाड्रन-122

नाम	ध्वस्त	क्षतिग्रस्त
लोहदूत	55	11
अग्निरथ	24	–
मोटर गाड़ी	97	–
तोपें	14	–
ऊँट	40	–

[टिप्पणी : ऊँटों पर तोपें सजी थीं]

धावा किये गये स्थान

1	बादिन	5
2	कराची	6
3	नया छोर	7

पदक – 10 वीर चक्र इत्यादि

अपनी क्षति – मानव-कोई नहीं

विमान – चार विमानों को थोड़ी क्षति पहुँची, जो उसी दिन ठीक कर लिये गये

विस्फोटक – शत्रु ने 154 (बम) गिराये किन्तु कोई हानि किसी को नहीं हुई।

विवरण को जिसने भी पढ़ा। पत्रक रख। लेखनी निकाली और लिख लिया। किसी एक आध ने आनेवाले इन वीरों से उनकी अपनी गाथाएं पूछनी प्रारम्भ कर दी तो किसी ने अपने सुने सुनाये कथन। किसी ने आपबीती कही तो किसी ने जगबीती। कोई भोजन में और कोई भ्रातृप्रेम में उमड़ पड़ते बहनों के स्नेह में कपट ढूँढने में।

कुछ ही क्षणों में दिनेश ने देखा कि वह अकेला रह गया था और यदि उसका साथी कोई था तो पास ही की कुर्सी पर बैठा एक दूसरा 'जवान'।

दिनेश ने किसी ठण्डे की अन्तिम घूँट भरी। पात्र मेज पर रख जेब में हाथ डाला तो दुकानदार ने कहा, ''साहब यह आप क्या कर रहे हैं? मैं पैसे न लूँगा। इससे अधिक आपकी और भला मैं क्या सेवा कर सकता हूँ?''

''नहीं लालाजी यह तो आपको लेने ही होंगे। देखो ना आपका भी तो यह धंधा ही है। यदि आप ऐसे बाँटने लगेंगे तो बच्चे क्या खायेंगे?'' और दिनेश ने पैसे दुकानदार की ओर बढ़ाये।

दुकानदार ने दिनेश का पैसों वाला हाथ उसी की जेब की तरफ मोड़ दिया और बड़ी ही सहृदयता से कहा, ''साहब, आप तो हमारे रक्षक हैं। यदि आप न हों तो यह दुकान भी किस काम की और बच्चों को मिलने वाला भोजन भी किस काम का होगा। आपकी आयु बनाये परमात्मा, हमारी दुकान तो चलती ही रहती है।''

''कितना आदर है जनता के मन में हमारे प्रति'' दिनेश ने सोचा और अपने आप में अत्यधिक गर्व अनुभव किया, भारत का एक सैनिक होने का...

दिनेश ने देखा कि अग्निरथ के छूटने में अभी समय है, तो एक दैनिक पत्र निकालकर पढ़ना आरम्भ कर दिया। किन्तु उसमें मन न लगा। उसने पत्र को समेटा और फिर डिब्बे की ओर बढ़ा।

''इसको कहीं देखा है'' एक युवती की ओर दिनेश ने देखकर सोचा, ''कहाँ हो सकता है अरे नहीं...हो...से...'' और दिनेश की आँखों में आँसू भर आये।

उसके कदम रुक गये और उसे ध्यान आया तीन वर्ष पहले की एक घटना का,

"साहब डेढ़ वर्ष से घर नहीं गया हूँ, बच्चों से बातें तो क्या सूरत तक नहीं देखी। तार आया है, बड़े लड़के की दशा गंभीर है आप मुझे दस दिन की छुट्टी दे दीजिये। आपका बड़ा भला होगा। पता नहीं उनकी मां ने उसके लिये दवा का भी कुछ सोचा होगा कि नहीं" राजन कह रहा था।

"बकवास बन्द करो। हम यह सब सुनने का आदी नहीं है।" एक अधिकारी ने आदेश भरे शब्दों में कहा था।

राजन के मुँह पर निराशा छाई हुई थी। उसने "जैसी आपकी इच्छा" कहते हुए पीछे मुड़ना प्रारम्भ किया तो एक दूसरे अधिकारी ने कुछ कागज़ दिखाये और पूछा "क्या तुम्हारा नाम ही सिपाही राजन है?"

"तुम ही हो तो तुम्हें शर्म नहीं आती, अनुशासनहीनता करते हुए?"

"क्या हुआ क्या बात है सैंडी!" पहले अधिकारी ने पूछा।

"सर यह जवान परेड में हिल रहा था सर। पिछले वर्ष तीसरे मास की पाँच तारीख को सर, जब विशेष परेड थी।"

"क्या कहा?"

"हाँ सर, हाँ यह सौ फीसदी ठीक है"

"नहीं साहब, पिछले वर्ष के तीसरे मास में तो मैं छुट्टी पर था। मेरी दो मास की छुट्टी थी साहब"

"तब क्या हुआ। छुट्टी पर क्या तुम हिल नहीं सकते। जब यहां अनुशासनहीनता दिखाते हो तो वहाँ तो और भी बढ़ जाती होगी। जाओ इसका दण्ड तुम्हें कल बता दिया जायेगा।" पहले अधिकारी ने कहा।

राजन ने जयहिन्द की और बाहर आ गया। उसके मुँह की दशा वर्णनीय नहीं देखने योग्य थी किन्तु सुरक्षा सेना का अनुशासन था कि छुट्टी पर हिलने का भी दण्ड।

दूसरे दिन प्रभात में ही राजन को बताया गया कि उसको दो दिन का पिट्ठू मिला है।

दोपहर को उसे तार मिला, "रामू चल बसा (बड़ा लड़का) और पत्नी ज्वर एवं शोक पीड़ित है।"

राजन आज बड़े साहब के सम्मुख पहुँचने का साहस न कर सका।

तीसरे दिन तार आया रामदेई (पत्नी) भी नहीं रही।

राजन का गला बैठ गया। हृदय रो पड़ा किन्तु मन में आक्रोश भर उठा। आज वर्षों बाद मन शान्त करने को वह मन्दिर की ओर चला।

मन्दिर मार्ग में उसे एक युवती दीख पड़ी जो अधिकारियों के निवास स्थान की ओर से आ रही थी। राजन ने ध्यान से देखा यह और कोई नहीं 'नयना' थी जो वास्तव में नयन ग्राह्य एवं अपने कृत्यों के लिये बदनाम थी।

राजन भी इसे जानता था। उसे देखकर उसने मुँह फिरा लिया, जो नयना को शायद खल गया।

राजन मन्दिर से जब निकला तो न मालूम कौन सी शक्ति थी कि वह सब भूल चुका था।

मन्दिर के ठीक बाहर ही फिर नयना उसे घूरती मिली। राजन को बाहर आता देखकर वह उधर ही आयी और तुनककर बोली, "तुम्हारा क्या नाम है?"

"सिपाही राजन साहब" राजन सावधान खड़ा था।

"क्या?"

राजन संभला और उसे ध्यान आया कि यह उसका साहब नहीं एक नारी है तभी उसने तीखी लय से कहा, "राजन"।

"नम्बर?" युवती ने पूछा

राजन चल पड़ा था, "क्यों क्या सूली पर चढ़ाने का विचार है?" चलते चलते उसने कहा।

"बकबक बन्द कर, मैं जो पूछती हूँ उत्तर दे?" युवती ने चिढ़कर साथ ही आगे बढ़ते हुए कहा।

"ओफ हो ऐसे बोलती है, जैसे बड़े साहब की पटरानी हो" राजन ने क्रोधित होते हुए हँसी भरे स्वर में कहा।

"अच्छा तो तुझे नहीं पता कि मेरे भाई साहब ही कर्नल जागरुक सिंह हैं?"

राजन को कुछ ध्यान आया। उसने ध्यान से देखा। फिर आगे पीछे देखते हुए आगे बढ़ा और बोला, "सच?"

''बदतमीज, बात करनी भी नहीं जानता'' युवती ने कहा।

राजन के शरीर में अग्नि जाग उठी। उसने देखा सायं ढल चुकी थी। अंधकार भी नहीं हुआ था। किन्तु मार्ग में दूर दूर तक कोई न था।

राजन का ''मैं'' चीख उठा। उसे अपने पुत्र व पत्नी का ध्यान आया।

उसने बड़े साहब के व्यवहार का स्मरण किया उसे बड़े साहब की बहन के चरचरे शब्द ध्यान थे...उसने उसे बड़े जोर से कई तमाचे जड़े और भाग गया।

अगले दिन भरी परेड़ से नयना ने जब राजन को हाथ लगाया। तो सभी ने देखा था।

राजन को कठोर दण्ड मिला और उसी दिन सायं को दौड़ते हुए वह भी अपने बड़े पुत्र और पत्नी के पास पहुँच गया। उसका हृदय फट गया था।

दिनेश के सामने की युवती वही युवती थी, जिसने राजन को सदा के लिये सुला दिया था।

दिनेश चीख उठा, ''हाय रे अंधे अधिकारी वर्ग। तेरी आँखें कभी खुलेंगी या नहीं? दिनेश बढ़ा अग्निरथ ने सीटी दी और रथस्थल गुंज उठा जय भारत।

17
पुनर्जन्म

'जय हिन्द साहब' एक बीस बाईस वर्ष के नवयुवक ने कार्यालय में प्रवेश करते हुए आदरसूचक शब्दों में सावधान मुद्रा एवं दायें हाथ को आँख की सीध में मस्तक की ऊंचाई तक ले जाते हुए कहा।

कार्यालय में अन्दर प्रवेश करते ही जो सज्जन बैठे थे, उन्होंने ''जय हिन्द रवि, रात कैसी व्यतीत हुई सब ठीक था न?'' उत्तर दिया।

''हाँ साहब आपकी कृपा से सब ठीक ही समझो' युवक ने उत्तर में मक्खन का कुछ प्रयोग करते हुए भी आत्मसम्मान से कहा।

''मैं कुछ समझा नहीं रवि...सब...ठीक ही समझो और हमारी कृपा से यह सब क्या कह रहे हो तुम?''

''मैं साहब मैं...मैंने तो कुछ भी नहीं कहा।''

''अच्छा अच्छा ठीक है रहने दो हाँ तो...''

''क्षमा करना क्या मैं अन्दर आ सकता हूँ। श्रीमान जी?''

एक दूसरे युवक ने जय हिन्द करके पूछा।

''हाँ क्या बात है?'' उन अधिकारी ने पूछा।

और उत्तर में उस युवक ने कुछ पत्र इत्यादि उन्हें थमा दिये। अधिकारी ने अपने कार्य के पत्र निकाल लिये और शेष लौटाते हुए कहा, ''अच्छा अब तुम ले जा सकते हो धन्यवाद। और निम्न श्रेणी के सैनिकों के पत्रादि भी शीघ्र ही पहुँचा देना, थोड़ी शीघ्रता है।''

"अच्छा साहब" उस युवक ने कहा और फिर से 'जय हिन्द' किया।

युवक जा चुका था, किन्तु उसके जूतों की ध्वनि की प्रति-ध्वनि अभी तक भी सुनाई दे रही थी।

अधिकारी ने पत्रों को देखा तो एक पत्र पर नेत्र जा गड़े। लिखा था "गोपनीय" नेत्रों में आते ही उसने वह पत्र खोला और पढ़कर मेज की दराज में रख दिया। इसके उपरान्त कुछ और पत्र खोले और यथायोग्य व्यवहार किया।

लगभग आधा घण्टा हुआ था कि पहले वाला युवक ही फिर आ पहुँचा और उसी प्रकार 'जय हिन्द' करके अन्दर प्रवेश करने की आज्ञा ले उस कुर्सी की ओर बढ़ा जहाँ वह युवक जिसे अधिकारी ने रवि कहा था, बैठा था, पहुँच गया। फिर उसके हाथ में एक लाल पत्र थमाकर उसके हस्ताक्षर लिये और जय हिन्द करता हुआ लौट गया।

पत्र का रंग लाल देखकर रवि के मुँह पर मुस्कराहट झलक आई किन्तु अधिकारी ने उसे सन्देह की दृष्टि से देखते हुए पूछा, "रवि क्या बात है? चिट्ठी का रंग लाल है कहीं किसी साम्यवादी की तो नहीं है?"

"हाँ साहब बात तो कुछ ऐसी ही है।" रवि ने उत्तर दिया।

"क्या कहा, ऐसी ही है किसकी है?" और उत्तर में रवि ने चिट्ठी बढ़ाते हुए कहा, "देख लीजिये कहाँ से है।"

"नहीं नहीं तुम ही बता दो।"

"हमें और कौन लिखेगा साहब और है ही कौन?"

"रवि के उत्तर में कसक थी और वह विवशता का अनुभव कर रहा था सोच रहा था जैसे किसी ने बाँधकर बैठाया हुआ हो।"

पत्र पढ़कर रवि ने एक लम्बी सी साँस ली, जिसने उसकी वेदना स्पष्ट दर्शित की। फिर उसने निकट आते हुए धीरे से पूछा, "साहब दो वर्ष होने को आये, छुट्टी नहीं गया हूँ अभी कोई आशा है कि नहीं।"

"अरे भई रवि तुम भी क्या बात करते हो? राष्ट्र के सिर पर युद्ध खड़ा है और तुम छुट्टी जाना चाहते हो देखो ना..."

"ना..ना..ना... मैं छुट्टी नहीं जाना चाहता। मुझे तो केवल पूछना है कि अभी निकट भविष्य में कोई आशा है कि नहीं?" रवि ने बात काटते हुए पूछा जिसके

उत्तर में उसे कई दिन पुराना समाचार पत्र दिखाते हुए उस अधिकारी ने ध्यान दिलाया था, ''यह समाचार पढ़ा था तुमने कि कलकत्ता के निकट हमारे जेटों ने तीन सैबरों को मार गिराया।''

''हाँ साहब पढ़ा था''

''और अब अगरतला पर भी उन्होंने गोलाबारी आरम्भ कर दी है?''

''हाँ हाँ यह भी ज्ञात है''

''तो फिर अभी चाहे दो वर्ष हुए हों या तीन छुट्टी बन्द''

लेकिन साहब हम ठहरे विवाहित और तिस पर भी दो वर्ष तक घर न जायें भला कैसा लगता होगा...इधर हम इधर उधर की बातें करते हुए रातें व्यतीत करें और उधर वह सर्दी की रातों में ठिठुर ठिठुर कर हमें और हमारी नौकरी को उठते बैठते पाँच सात सुनाये। आखिर आप ही बताइये सहनशीलता की भी तो सीमा है...खैर हम तो सह लेंगे लेकिन उसकी आहों के मारे कैसे बचेंगे और अब तो 'भूमिगत किला' भी आपने निषेध क्षेत्र घोषित करा दिया है। न मालूम क्या सूझा है आपको...

''अरे भई हम कौन होते हैं यह तो कर्नल साहब का आदेश था।''

अच्छा आप ही बताइये वासनाओं को रोकना क्या इतना आसान है?

''इसीलिये तो नगर को भी निषेध क्षेत्र घोषित करने वाले हैं क्योंकि न तो जवान वहाँ जायेगा और न उसे रंग दिखाई देंगे...फिर लालसा उत्पन्न होने का तो प्रश्न ही नहीं उठता।''

तो आप सभी को तपस्वी बनाने पर तुले हैं। वास्तव में आपको तो संन्यास ले लेना चाहिये मेजर साहब भी यही कह रहे थे...

''क्या?''

''यही कि भई सूबेदार जगमेग जैसे तपस्वियों की सेना में आवश्यकता है।''

''और क्या कहा उन्होंने?''

''और क्या कहते, आप यह बताओ हमें छुट्टी कब दोगे...दोगे भी या नहीं और या फिर अपने जैसे तपस्वी ही बनाने पर तुले हो?''

हमारे तपस्वीपन को तुम क्या समझोगे। देख लेना कभी। यह तो मन है कोई प्रकट कर देता है कोई घुटता रहता है। तुम क्या समझते हो मेरी इच्छा नहीं होती?

× × ×

सूर्यास्त होने को चाह रहा था, सैनिक खन्दकों में ताक रहे थे। शत्रु का विश्वास जो नहीं है। न मालूम कब धावा बोल दे किन्तु फिर भी मन बहलाव तो करना ही होता है जिसके लिये किसी ने विविध भारती लगाई हुई थी, तो किसी ने आकाशवाणी...

यह आकाशवाणी है अब आप देवकीनन्दन पाण्डेय से हिन्दी में समाचार सुनिये, ''पाकिस्तानी नभ सेना के वायुयानों ने अभी थोड़ी देर पूर्व हमारे पश्चिमी अंचल के तीन विमान स्थलों पर बम वर्षा कर दी है। श्रीनगर, अमृतसर, व पठानकोट के विमान स्थलों पर जब शत्रु के विमान पुंजक बरसा रहे थे तब भारतीय विमान भेदी तोपों के अचानक चलने से उनके पैर उखड़ गये...''

रात्रि का एक बजा था कि अचानक ठांय...ठांय...ऽऽऽऽ....धड़म... डुग...डुग...शत्रु की स्थल सेना ने आक्रमण कर दिया था...वायु सेना भी बम बरसा रही थी और हमारी विमान भेदी तोपें चलने लगी थी...

घर्र...घर्र...घर्र...धड़म...

''नवीन...नवीन....'' एक ओर से आवाज आई।

''हाँ कुछ है भी?'' उत्तर मिला।

''कुछ सुना तूने?''

वही आवाज।

''हाँ सुन तो रहा हूँ, शत्रु के लोहदूत आ रहे हैं'' नवीन ने उत्तर दिया।

''बिल्कुल ठीक, तुम ठहरो। मैं आगे चलकर पता लगाता हूँ कितनी संख्या है'' उसी आवाज ने कहा।

''पागल हुआ है क्या? रात में तुझे क्या दिखाई देगा?'' नवीन ने कहा।

''मैं तो नहीं हूँ हाँ तुम्हें अवश्य होश नहीं रहा है, दीखता नहीं चन्द्रमा

चमक रहा है और फिर मैं जा भी तो निकट ही रहा हूँ...अच्छा नमस्ते।''

''ठीक है नमस्ते सावधानी रखना।''

दूर दूर तक खड़ी रेत में कहीं कहीं झाड़ियों के बीच एक झाड़ी हिलती सी दीख पड़ी...

''कौन गया है नवीन?'' एक ओर आवाज आई।

''और कौन हो सकता है वही हठी है प्रेम, मानता तो है ही नहीं अब आप ऐसा कीजिये यहाँ किसी को भेज दीजिये मैं भी जा रहा हूँ।''

''नहीं नवीन तुम्हारे चले जाने पर वितन्तु को कौन संभालेगा?''

''क्यों और क्या कोई नहीं है यहाँ?''

''नहीं नवीन और कोई नहीं जानता।''

''तब फिर क्या प्रेम अकेला ही जायेगा।''

''नहीं तुम उसकी चिन्ता न करो। मैं उसे अकेला न छोड़ूँगा। हाँ जो सूचना तुम्हें मिले तुरन्त भेजते रहना।''

एक और झाड़ी उसी रेत में हिलती चली गई और कोई नहीं दिलीप था।

हैलो...हैलो...समाप्त

अच्छा...हाँ ठीक है समाप्त

आकाश के तारे चन्द्रमा के प्रकाश में छिछले पड़ गये थे किन्तु वीरों का वेग नहीं।

लोहदूत चलने से पृथ्वी काँपती थी किन्तु भारतीयों का हृदय नहीं...

लगभग दो किलोमीटर चलने के उपरान्त प्रेम ने एक गहरा गड्ढा खोदना आरम्भ किया और कुछ क्षणों में तैयार कर लिया ऊपर से नीचे तक रेत ही रेत होने का ही यह एक लाभ था।

इसी समय उसे सामने की ओर से घर्रघर्र घर्सने वाला एक लोहदूत दीख पड़ा जो धीरे धीरे ऊपर उभर रहा था। प्रेम को अनुमान लगाते देर न लगी कि कौन सा टैंक हो सकता था और इसी भाँति उसने तीस लोह दूतों का पता लगाया और अपना वितन्तु यन्त्र निकालकर कुछ कनेक्शन दिये और फिर

हैलो...हैलो...क्या क्या कहा था

हैलो बाबा गांधी

"हाँ तो नवीन मैं प्रेम हूँ ध्यान रखना। साठ तक गिनना।"

"अच्छा लेकिन कितने प्रतिशत"

"अभी तो पचास प्रतिशत हैं, किन्तु आशा और भी है।"

"अच्छा...अच्छा...सावधानी से...समाप्त।"

प्रेम ने सोचा था कितने बुद्धु हैं एक ही साथ एक ही ओर से इतने लोह दूत? क्या मूर्खता की है? इन्हीं को यदि शत्रु ने विभिन्न स्थानों पर लगाया होता तो कितना अच्छा रहता। खैर भगवान उन्हें भेजा बिल्कुल ही न दे तो ठीक है...धत्तेरे की। उन्हें भेजा न मिला तो वह और भी अधिक लड़ेंगे और हमारा ध्यान आर्थिक उन्नति की ओर से हटाये रखेंगे...नहीं तब तो उन्नति अधिक होगी, क्योंकि शत्रु हमारे सिर पर जो रहेगा।

कुछ ही क्षणोपरान्त प्रेम ने देखा कि सामने से ही नहीं पीछे से भी गोले गिरने लगे हैं और उसे ध्यान आया कि उनकी सम्पूर्ण टुकड़ी उनके बीच में घिर गयी थी। चारों ओर से तद कतार बनाये बढ़ रहे हैं। लेकिन वह पीछे की ओर कैसे पहुँचे?..इसका तात्पर्य तो यह हुआ कि दूसरा दल...ओफ ऐसा नहीं हो सकता...क्या? वास्तव में दूसरा दल...नहीं नहीं...

धड़म...धड़म...घर्र घर्र

प्रेम ने देखा कि दूरी बीस मीटर के लगभग होगी दौड़ भी नहीं सकता क्योंकि दौड़ने से शत्रु को उनकी स्थिति का पता चल जायेगा।

हो हो...खन्दक

और प्रेम खन्दक में बैठ गया।

लोह दूत उसके ठीक ऊपर से निकला रेत दब गया प्रेम भी काफी फँस गया फिर सुरक्षित लोहदूत आगे बढ़ा...प्रेम खंदक से निकला और दौड़ कर पीछे से एक हथगोला उस लोह दूत पर फेंक कर लेट गया।

हाय...अल्लाह...

वह रुक गया था।

पीछे की ओर के लोह दूतों का भान होते ही सूचना ऊपर भेज दी गयी कि वे घिर गये थे, लोह दूतों के सामने टिक पाना मुश्किल था...

फिर जितने भी वीर थे चारों ओर फैल गये। चीनी एवं अमरीकी लोह दूत साधारण हथगोला एवं साधारण सुरंगों के बस की चीज नहीं थी। फिर भी प्रयत्न किये गये।

प्रभात के छह बज चुके थे। कुछ कुछ प्रकाश होने लगा था।

किसी की चीख सुनाई देती थी तो किसी का चालक कहता दीख पड़ता था।

शत्रु के लोह दूत शायद टोह लेने के लिये कुछ समय को रुक गये थे। बार बार आदेश दिये जा रहे थे। आत्म समर्पण कर दो नहीं तो भून दिये जाओगे।

इन्दिरा गांधी तुम्हारी पत्नियों को भी अपनी भाँति ही बेवा बनाना चाहती है तुम उसे सहायता न करो।

...

छह बजकर चालीस मिनट हुए थे कि फिर वही घर्र घर्र घुड़मघुड़म..

भारतीय सेना में विभिन्न धर्मावलम्बियों ने अपने अपने अभीष्ट को स्मरण करना प्रारम्भ कर दिया था...दूसरी ओर कई लोह दूत ऐसे उछलते दीख पड़े जैसे आग में मिर्च। भारतीय मुट्ठी भर सैनिक और इनकी अगणित लोह दूत सेना और फिर भी भारतीय हट नहीं रहे थे।

छह बजकर पचास मिनट हो चुके थे, वितन्तु यन्त्र बार-बार उठाया रखा जा रहा था किन्तु सहायता की कोई भी आशा न थी।

एक आध ने साहस छोड़कर हाथ उठा दिये किन्तु उसे जीवन दान नहीं मृत्युदान ही मिला। वह गोलियों से भून दिया गया। अब यदि इन सबसे बचने का कारण था तो इस प्रकार छुपकर वार करना कि शत्रु को यह भी पता न चले कि कहाँ से आ रहे हैं यह विस्फोटक?

इस ओर सात बजे थे ठीक उस ओर डाईव...भरते हुए भारतीय विमान पहुँच

गये...प्रेम ने नवीन से पूछकर विमान से सम्पर्क स्थापित किया और शत्रु के लोह दूतों के ठिकाने इस प्रकार बताये कि प्रक्षेपास्त्रों की मार में जो भी आया वही गया।

पहली ही मार में पाकिस्तानी दूतों को अपने चालकों के प्राणों के साथ साथ अपने जीवन से हाथ धोना पड़ा। कुछ फूँक दिये गये तो कुछ छोड़कर भाग गये।

18

लेखक

युद्ध की अपनी कथा कम न थी। औरों से भी उसने कम न सुना था। युद्ध के पूर्व भी बहुत चिल्लाया। अपनी सम्पूर्ण स्मृति और पहचान भी देने की सोच उसने कलम उठाई और झटपट जो सूझा लिख मारा, जो एक पुस्तकाकार। ज्यों ही समाप्त किया त्यों ही ध्यान आया कि शायद कोई त्रुटि रह गई हो। उसने अपने लिखे को फिर से ध्यानपूर्वक पढ़ा। औरों को भी पढ़ने के लिये दिया। जिसने पढ़ा उसी ने सराहा। जिसे दिखाया उसी का मन लगा।

एक मास व्यतीत हो चुका था कि उसे ध्यान आया "क्यों न किसी प्रकाशक सम्पादक या लेखक से ही इसके बारे में राय ली जाय। इसमें पुस्तक की वास्तविकता का पता तो चलेगा ही, शायद किसी का मन भी कर जाये।"

उसने फिर लेखनी उठाई और पाँच सात मुख्य-मुख्य लेखकों एवं प्रकाशकों को पत्र लिख दिये। इसी बीच में उसने इस पुस्तकाकार लेखबद्ध सामग्री को एक अनोखा सा नाम भी दे दिया और अपने एक अति स्नेही मित्र से इसे स्वच्छ लिखवा भी लिया था। पत्र में प्रत्येक पहलू पर ध्यान रखते हुए पुस्तक का वर्णन करके बातें खोली गयी थी।

दनादन उत्तर मिलने, प्रारम्भ हुए, जिनका सारांश प्रायः, "क्षमा करना पाण्डुलिपियों की अधिकता के कारण हम आपकी सुझाई गई पुस्तक को प्रकाशित करने में असमर्थ हैं। आपने स्मरण किया इसके लिये अत्यति धन्यवाद" ही था।

वह कुढ़ उठा। कुछ दिनों की प्रतीक्षा के उपरान्त उसने सोचा क्यों न इस पुस्तक को ही उन्हें दिखा दिया जाये?

मार्ग में अग्निरथ पर एक और मित्र मिल गया। उसे भी पुस्तक दिखाई तो उसने भी सराही। अब तक उसका पक्का विश्वास हो चुका था कि पुस्तक टनाटन है और प्रकाशक ज्यों ही देखेगा, खिल उठेगा। उसे कभी भी ऐसी सामग्री नहीं मिली होगी। फिर क्या था? छत्तीस घण्टों की यात्रा दिवास्वप्न देखते ही व्यतीत हो गयी।

एक लेखक प्रकाशक के पास पहली बार जा रहा है, पता लगते ही प्रकाशक अपना हाथ बढ़ा देगा और बड़े प्रेम के साथ बातचीत होगी। एक से एक साहित्यिक विषय हैं देखिये आप ही देखिये किस किस प्रकार का साहित्य आजकल निकल रहा है।''

''भई यह सब बातें तो होती रहेंगी पहले आप चाय पीजिये।''

''नहीं साहब नहीं चाय तो हम पीते ही नहीं।''

''भई वाह यदि सभी लेखक आप जैसे ही हो जायें तो क्या कहने? लो फिर थोड़ा धूम्रपान तो कर ही लीजिये।''

''क्षमा कीजियेगा मुझे आपको दूसरी बार मना करना पड़ रहा है।''

''ओफ तो यह बात है, आप तो वास्तव में संन्यासी हैं क्या बात हुई? इस संसार का त्याग करने का विचार कैसे सोच लिया आपने?''

''नहीं नहीं ऐसी तो कोई बात नहीं है आप तो हँसी समझने लगे।''

''नहीं जी हँसी कहाँ, आप जैसे चरित्रवान लेखक यदि कुछ भी हो जायँ तो बस भारत क्या संसार स्वर्ग बन जाये। देखो न आप ही बताइये कितने ऐसे हैं जो अपनी लेखनी, कर्म या चिन्तन के अनुसार चलते हैं।''

''क्षमा करना मैं इतना योग्य नहीं हूँ सैनिक हूँ जो समय मिलता है कुछ लिख लेता हूँ। सेना के ही दो चार अनुभव यहाँ भी हैं लीजिये देख लीजिये। यदि आपको रुचे तो...''

''हाँ जी क्यों नहीं? लेकिन आप एक दो अनुभव हमें भी तो बता दीजिये कि कैसा रहा शुक्रवार की नमाज पढ़ने के उपरान्त आरम्भ किया गया और उसी के उपरान्त समाप्त किया गया पाकिस्तान का यह दो सप्ताह का 'युद्ध'?''

''आप इसे युद्ध कहते हैं यह तो एक अभ्यास का ही नाम समझो पता नहीं किस प्रकार बनी थी इनकी नीतियाँ। देखिये ना, सीमा के निकट की सम्पूर्ण हवाई

पट्टियाँ छोड़कर वह पीछे की ओर से आते थे। अब जो विमान पेशावर से चलकर आयेगा भला वह कितने अन्दर तक वार कर सकेगा और तिस पर भी वहाँ के वैमानिकों के निशाने केन्द्रित नहीं थे। जैसलमेर में उन्होंने सैंकड़ों बम गिराये और हानि पता है आपको कितनी की?''

''हाँ हाँ बताइये तो सही आप।''

''बताईये क्या? कुछ भी नहीं। एक चिड़िया भी नहीं मरी। दौड़ पथ में तुच्छ सी दरार पड़ी थी, जिसे भरने में आधा घण्टा भी नहीं लगा।''

''क्या कहते हैं आप?''

''हाँ, मैं बिल्कुल सत्य कह रहा हूँ। पाँच दिसम्बर को जब उनके विमान ने बम वर्षा की तो पहला बम माता के मन्दिर की सीध में तारों के निकट गिरा और शेष सब बाहर।''

''क्या यह वास्तव में सच है?''

''और तो क्या मैं झूठ बोल रहा हूँ?''

''नहीं नहीं मेरा यह तात्पर्य नहीं है।''

''तात्पर्य आपका चाहे जो भी हो, किन्तु इतना अवश्य ही है कि जो भी हुआ उस पर कोई भी विश्वास नहीं करता। यहाँ की तो आप छोड़िये जामनगर में पहले ही दिन (तीन दिसम्बर) रात के ठीक दो बजे हमारे चार केनबरा विमानों को उतरना था शत्रु के गुप्तचर विभाग को इसका पता चल गया। यहाँ तक कि उन्हें हमारे विमानों के क्रमांक एवं शब्द संकेतों की भी जानकारी मिल गई। किसी कारणवश हमारे वायुयान पाँच मिनट विलम्ब से पहुँचे, किन्तु शत्रु का एक विमान ठीक समय पर हमारी हवाई पट्टी के निकट आ गया और शब्द संकेत बताते हुए उतरने की आज्ञा चाही। जब उतरने का आदेश मिल गया तो उसने दौड़ पथ को प्रकाशित करने को कहा जिससे हमारे अधिकारी को संदेह हुआ। उन्होंने वैमानिक से पूछा, ''तुम अब किस स्थान पर हो?''

''अंधकार के कारण मैं कुछ नहीं कह सकता'' उत्तर मिला।

''ठीक है दौड़ पथ की ओर बढ़ो हम प्रकाशित कर देंगे।''

वैमानिक ने अपना विमान आगे बढ़ाया। वैमानिक को हमारे दौड़ पथ इत्यादि का कोई ज्ञान न था। इसी कारण उसने जिस दिशा से बढ़ना, प्रारम्भ

किया वह बिल्कुल उल्टी थी। उच्चाधिकारी ने हँसते हुए कहा, ''बच्चू तुम्हारी चाल अब और न चलेगी। तुम्हारी पोल खुल गई है भाग जाओ नहीं तो बच नहीं सकोगे।''

फिर क्या था गदागद एक एक हजार पौंड के छह बम हवाई पट्टी के निकट गिरे किन्तु परमात्मा ने इतना साथ दिया कि दौड़ पथ पर केवल एक ही विस्फोट हुआ। दूसरा बम गिरा तो किन्तु फटा नहीं और हाँ जहाँ यह बम विस्फोटित हुआ था उससे बीस पच्चीस मीटर पर ही हमारा एक मिग-२१ खड़ा था, उसमें तो आँच नहीं आई किन्तु दो सौ मीटर दूर के एक टैंकर में अनेक पत्थर इत्यादि के टुकड़ों के कारण शीशे आदि टूटने के अतिरिक्त और कोई हानि नहीं हुई। जहाँ तक दौड़ पथ का प्रश्न है, इसे उसी दिन सायं से पूर्व ही बिल्कुल ठीक कर दिया गया जबकि विमानों का उतरना व उड़ना तो क्षण भर के लिये भी नहीं रुका।''

''भई वाह, ओ हाँ और हमारे जो विमान वहाँ आने वाले थे उनका क्या हुआ?''

''होना क्या था? कुछ भी नहीं, ठीक पाँच मिनट विलम्ब से आये और उतर गये यह भी अच्छा ही समझो, नहीं तो दौड़ पथ पर ही चारों का सफाया हो सकता था।''

''यह तो आपने अपनी ही अपनी सुनाई कुछ पाकिस्तानियों की भी तो सुनाओ।''

''क्या कहा आपने यह अपनी थी! अपनी तो बड़ी बड़ी हैं यह तो उनकी थी। हमारे एक वैमानिक को उन्होंने धोखे में डाल लिया और उसने दौड़ पथ पर खड़े एक विमान पर अग्निवर्षा कर दी, किन्तु वह विमान केवल विस्फोटक भरा था जो अग्नि के सम्पर्क में आते ही फट पड़ा। हमारा विमान बुरी तरह क्षतिग्रस्त हो गया। जब वैमानिक ने देखा कि अब वह न उठ सकेगा उसने अपने साथियों को लौट जाने को कहा और स्वयं अपना अन्तिम समय जानकर प्राणों की चिन्ता किये बिना शत्रु के अड्डों पर टूट पड़ा। जहाँ उसे जो भी दिखाई दिया उसने मारा। तभी उसे तीन 'सैबर' दौड़ पथ पर से उड़ने के लिये दौड़ते हुए दिखाई दिये। उसने उन्हें केन्द्रित करके जो अग्निवर्षा की तो तीनों एक ही बार में स्वाह हो गये। उसने थोड़ा ऊपर उठने का प्रयत्न किया तो मजे में ऊपर आ

गया और वैमानिक ने पाया कि उसके विमान का इंजिन बिल्कुल ठीक प्रकार से कार्य कर रहा था। फिर क्या था अपना काम समाप्त कर वह अपने अड्डे पर पहुँच आया। उतरने के उपरान्त आपको ज्ञात है क्या हुआ?''

''क्या हुआ...''

''जब आगे का अन्तरिम विभाग देखा तो उसमें आधे मीटर की एक लोहे की छड़ पड़ी थी। पंखे स्थान स्थान पर क्षतिग्रस्त हो गये थे। सैकड़ों से भी अधिक स्थानों पर उसी दिन थेकलियाँ लगाई गई और हाँ उसी दिन सायं को फिर वही विमान पाकिस्तान के तीन लौह दूतों का सफाया करके आया था।''

''इसका तात्पर्य तो यह हुआ कि हमारे वैमानिक ही नहीं तकनीकों ने भी कोई कमी नहीं छोड़ी।''

''कमी, कमी तो कोई भी नहीं छोड़ता। आखिर प्रश्न भी तो देश का था किसी के घर का नहीं।''

''लेकिन एक बात समझ में नहीं आई।''

''वह क्या?''

''जब पाकिस्तानी जामनगर में बमवर्षा कर रहे थे तो हमारी विमानभेदी तोपें क्या कर रही थीं?''

''शान्त थीं।''

''क्यों?''

''यह भी एक चाल ही थी साहब। अब आपको कहाँ पता है कि यदि एक बार तोपें चल जातीं तो हमारी स्थिति का ज्ञान शत्रु को हो जाता। यदि उस बार वह बच निकलता तो फिर स्वयं ही नहीं साथियों समेत आकर आक्रमण करता। अब न तो उसे स्थिति का पता चला और न वह कुछ कर सके।''

''तो क्या वह फिर कभी नहीं आया।''

''आया क्यों नहीं। आया तो प्रतिदिन किन्तु कभी धोखे की हवाई पट्टी और दौड़ पथ तैयार करके और कभी कुछ करके उसे बहकाये रखा और फल यह हुआ कि जामनगर बिल्कुल ही सुरक्षित बच गया'' और...

कुली साहब कुली...कहाँ चलोगे साहब...उठो साहब....

और उसने देखा कि दिल्ली का रथस्थल आ चुका था और अग्निरथ रुक गया था। प्रभात के ठण्डे समय में हाथ को जेब या कम्बल से बाहर निकालना अति कठिन था। लाल सा कुर्ता पहने और धोती व फटा सा दुपट्टा बाँधे प्रायः सभी कुली भिन्न भिन्न डिब्बों में चढ़ रहे थे। सामान ले चलने के लिये कह रहे थे।

उसने भी अपना सामान उठाया और साथ ही अपने दूसरे साथी नरेश की सहायता भी की।

ज्यों त्यों करके उन्होंने सामान रथस्थल के बाहर बने आरामगाह में रखा और फिर मुँह हाथ आदि धोकर वस्त्रादि परिवर्तित करके सामान को वहीं जमा कर दिया।

बाहर निकलते ही एक टैक्सी पकड़ी और दोनों अपने गन्तव्य की ओर चल पड़े।

उसके दिवास्वप्न की कड़ी प्रारम्भ हो गई और अब प्रकाशक और लेखक में आधुनिक साहित्य पर बातचीत प्रारम्भ हो चुकी थी।

"आपने जो लिखा उसे जनता चाहेगी तो किन्तु कितने समय के लिये?"

"जब तक देश प्रेम की भावनाएं हैं और अब यह भावनाएं भारत में ऐसे घर कर चुकी हैं कि सदा ही रहेंगी।"

"किन्तु जनता जितनी आगे बढ़ चुकी है उसको भी नहीं भुलाया जा सकता। जिस पुस्तक में कामुकता को बिल्कुल तिलांजलि दे दी गयी हो उसका बाजार कम गर्म है जबकि ऐसी रचनाओं का सामयिक वैसे इस गर्मागर्मी में ही हम उसे निकाल देंगे और बस फिर क्या है पैसा ही पैसा।"

"आप तो पैसे के पीछे अधिक हैं।"

"अरे भई वाह आप भी क्या बात करते हैं। पैसे के लिये ही तो सब कुछ है, हाँ तो फिर कितने होंगे..."

"अरे भई उतरना नहीं है क्या?" नरेश ने कहा और उसने देखा कि स्थान आ गया था और सामने नामपट्ट पर स्वच्छ अक्षरों में नाम और पता लिखा देख वह खिल उठा। दोनों अन्दर की ओर चले।

द्वार पर ही एक महाशय पीतल चमकाने में संलग्न थे। वह आगे बढ़ा और उन महाशय से पूछा, "पंडित जी कहाँ मिलेंगे?"

महाशय जी ने उसे ऊपर से नीचे तक बड़े ध्यान से देखा और फिर एक कमरे की ओर संकेत करते हुए कहा, ''यही है पंडत जी का कक्ष।''

दोनों उसी ओर बढ़े तो देखा कि द्वार पर एक दूसरे महाशय जी मिले तो उसने फिर पूछा, ''पंडित जी कहाँ हैं?''

''यहीं पर हैं'' उसने घूरते हुए देखकर कहा और फिर पूछा, ''क्या आप उन्हें पहचानते हैं साहब?''

''नहीं नहीं, यह पहला ही अवसर है'' उसने उत्तर दिया।

''ठीक है साहब आप ऐसा कीजिये इस पत्रक पर अपना नाम पता और कार्य लिख दीजिये।'' उन महाशय ने बड़ी नम्रता से कहा।

उसने लेखनी निकाली और झटाझट अति सूक्ष्म शब्दों में लिख दिया।

''प्रभात'' जम्मू से आये हैं।

और फिर कोष्ठक में (कास्य)

''अच्छा साहब मैं अभी पंडितजी के पास जाता हूँ, तब तक आप अतिथि गृह में बैठिये।'' अतिथि गृह की ओर संकेत करते हुए उन महाशय जी ने कहा और अन्दर चले गये।

उन दोनों ने अतिथि गृह की राह ली और अन्दर पहुँचकर सोफा पर बैठ गये। उसने मेज पर रखी कई पुरानी पत्र-पत्रिकाओं में से एक को उठाया और पन्ने पलटने आरम्भ कर दिये।

''क्षमा करना साहब आप अपना कार्य पूर्ण रूप से लिख दीजिये।'' फिर से इन महाशय ने प्रवेश करते हुए कहा।

उसने फिर लेखनी निकाली और (कास्य) के आगे

''की पांडुलिपि दिखाने के लिए'' शब्द और जोड़ दिये।

''पांडुलिपि'' शब्द देखते ही उन महाशय ने कहा, ''पाँडूलिपि लाये हो साहब?''

''हाँ हाँ एक पाँडूलिपि है।''

''रहने दीजिये साहब वह आजकल बिल्कुल भी नहीं ले रहे हैं परसों ही गुलशन नन्दा जी आये थे, उन्हें भी पण्डित जी ने लौटा दिया।''

"क्या कहा लौटा दिया, गुलशन नन्दा, क्यों?" उसने हक्का बक्का होते हुए पूछा।

"हाँ साहब बिल्कुल मना कर दिया है"

"तब फिर चलिये नरेश जी यहाँ आने का कोई लाभ नहीं है जब इतने प्रसिद्ध लेखक (चाहे कैसा भी सही) को किसी ने नहीं पूछा तब हमारी कहाँ पूछ।"

"नहीं भई नहीं, अब तो आ ही गये हैं। दो बात करके ही जायेंगे।" नरेश ने कहा।

वह महाशय जी जा चुके थे और उसने नरेश जी के साथ प्रतीक्षा करनी प्रारम्भ कर दी थी कि कब पण्डित जी का बुलावा आये। कब पण्डित जी के दर्शन हों। इतने बड़े सम्पादक हैं न मालूम कैसे होंगे। पता नहीं बातें भी कैसे करेंगे। अरे भई जब नन्दा को नहीं पूछा हमें क्या घास डालेंगे, नहीं ऐसा कुछ नहीं, आजकल सभी नये लेखकों की ओर अधिक ध्यान देते हैं, शायद कुछ सोच ही लें।

"किन्तु क्या नन्दा जैसे लेखक को भी प्रकाशकों और सम्पादकों के घर से लौट जाना पड़ता है? क्या लेखकों की लेखनियाँ इतनी सस्ती हो गयी हैं कि इस प्रकार उनका निरादर किया जाये?

"नहीं नहीं अवश्य ही कोई दूसरा कारण रहा होगा।"

फिर एक अनजानी सी पत्रिका की ओर उसका ध्यान गया तो उसने एक दो पत्रक पलटे और उसी में मग्न हो गया।

"जिसके पास धन है, उसी का सम्मान आज होता है और सदा से होता आया है। निर्धन की माँ सभी की भाभी और धनिक की पत्नी सभी की दादी होती है और लेखक वह तो बेचारा सदा निर्धन ही रहता है। उसे धनिक समाज औरों की भाँति ही कुछ टुकड़े फेंक देता है और वह उन्हीं का गुणगान करने लगता है। यह टुकड़े कहीं उसे पारितोषिक के रूप में मिलते हैं तो कहीं पारिश्रमिक के रूप में।"

"लेकिन क्यों ? क्योंकि निर्धन सदा असहाय होता है और उसकी अंतर्वेदना की जो चीख होती है, वही उसके लेख होते हैं, जो एक धनिक के बस की

बात नहीं। इन लेखों को फिर धनिक कुछ टुकड़ों या चाँदी के कुछ सिक्कों के लिये क्रय कर लेता है। कभी कभी उसमें आमूल परिवर्तन भी किये जाते हैं।''

''क्यों?''

''क्योंकि वह असहाय है, उसके पास अपनी उदर पूर्ति का ही कोई साधन नहीं है और तो क्या होगा? भूखा क्या नहीं करता। विधि और भाग्य भी उससे मुँह फेर लेते हैं सरकार उल्टी उन्हें ही डाँटती है। कफन और लकड़ी भी उन्हें मयस्सर नहीं होते। जीवित रहते पेट भर भोजन उन्हें नहीं मिलता। माँ बाप भाई कुछ भी उनके लिये त्याज्य हैं''

''क्यों?''

क्योंकि वह भूखा है उसे अपनी उदर पूर्ति के साथ ही सात बच्चों के बड़े परिवार की भी देखभाल करनी है, जिनके हाथ धन लगा वह तो नगर में रहने लगे और...

''आपको बुलाया है साहब'' लगभग आधे घण्टे की प्रतीक्षा करने के उपरान्त उसी महाशय ने आकर कहा। उसने झट से वह पुस्तक रख दी और इन महाशय के पीछे पीछे हो लिया। कुछ ही चलने के उपरान्त उसने सुना, ''यहीं हैं आप अन्दर चले जाइयेगा'' और वह डरते से काँपते से ज्यों त्यों करके आगे बढ़ा। बड़े धीरे से द्वार खोला और अन्दर घुसकर बड़ी सावधानी से बन्द करते हुए दोनों हाथ जोड़कर नमस्कार की। किन्तु पण्डित जी किसी से दूरभाष पर बात कर रहे थे। उन्होंने मुँह से तो क्या हाव भाव से भी उस नमस्कार का उत्तर देना उचित नहीं समझा।''

कुछ क्षणों तक वह खड़ा रहा और बातों के साथ ही साथ पण्डित जी उसे देखते रहे। लम्बाई में छः फुट से एक आध इंच ही की कमी। काला कोट, मफलर और पैन्ट। पैरों में कीमती जूते किन्तु पालिस शायद कई दिन से नहीं कराई थी। सभी कपड़ों पर धूल जमी थी। जब पण्डित जी को अपनी बातों में रुकना पड़ा तो उन्होंने हाथ से संकेत किया। वह एक कुर्सी की ओर बढ़ा, उसे उठाकर थोड़ा पीछे हटाया और फिर उसी पर आराम से बैठ गया। उसके हाथ मेज की ओर बढ़े और मेज पर कुछ रखते हुए उल्टे लौट आये। उसने पुनः स्वयं को संभाला और पण्डित जी की ओर ताकने लगा। जब पण्डित जी की बातें समाप्त हो चुकी तो उन्होंने बड़े बेढंगे से ढंग से पूछा, ''कहिये?''

उत्तर में उसने अपनी पाण्डुलिपि, जो मेज पर रख दी थी, आगे बढ़ा दी।

"क्या करूँ?" पण्डित जी ने बड़बड़ाते हुए कहा, "देख लीजिये" उसका मौन टूटा और उसने अपने हाथ बढ़ाकर पाण्डुलिपि के दो पत्रक उलट दिये, जिससे सामग्री का आरम्भ सामने आ गया।

किन्तु पण्डित जी ठहरे पण्डित जी ही। उन्होंने पाण्डुलिपि की ओर दृष्टि डालना भी एक पाप समझ, "कोई गुंजाईश नहीं" कह दिया। "कोई गुंजाईश नहीं?" उसने वही शब्द दोहराये।

"हाँ"

"कुछ समय के उपरान्त भी नहीं।"

"नहीं।"

"अच्छा तो धन्यवाद"

कोई उत्तर नहीं।

वह जल रहा था। उसके शरीर से इतनी ठण्ड में भी पसीना छूट रहा था। यदि उसे कुछ ध्यान था तो आत्मसम्मान का। "क्या मेरी नमस्कार, धन्यवाद और अभिवादन का भी कुछ मूल्य नहीं है? क्या मैं इतना गया बीता हूँ कि पण्डित जी ने दो शब्द भी कहना उचित नहीं समझा? क्या हम अपने अतिथियों का स्वागत इसी प्रकार करते हैं? नहीं यह उसकी गलती नहीं, उसके पास आज पैसा जो है और आज का लेखक भूखा जो है। जब एक पत्रक उठाते ही लेखक ही लेखक निकलेंगे और अपना आत्म सम्मान भूल पैसे के पीछे दौड़ेंगे तो उनकी यही दशा होगी। भिखारी का भी स्वागत किया है कभी किसी ने? अरे भैया पैसा नहीं तो सम्मान नहीं और पैसे के पीछे पड़ें तो भी सम्मान नहीं। कैसे कटेंगे दिन।"

"नहीं, नहीं मुझे इस भ्रष्ट समाज को मार्ग दिखाना है और इन पण्डित जी को भी जो एक नये लेखक से दो बातें करने, उसे अपने अनुभव की दो बातें बताने और उसके अपनत्व को समझने के स्थान पर अपने पर इतना गर्व लिये बैठे हैं कि मानो लेखकों और कवियों ने तो इनसे ही कुछ लेकर खा लिया हो? आँखें खोलनी हैं और फिर मैं प्रकाशित कराने पर पैसा लेने के विचार से तो नहीं आया था। मुझे तो कुछ सीखना था जिससे कि अगली रचना में ऐसी कोई

त्रुटि न रह जाये। उसने यही कैसे जान लिया कि मैं पैसे लेने और पाण्डुलिपि बेचने आया हूँ जो मेरा विचार तो क्या स्वप्न भी नहीं था।''

भारती के उठते कुछ लेखकों को इन बूढ़े ठूँठों ने यदि यही सम्मान दिया और यदि नया लेखक पैसे के लिये इन मानव रूप में यक्ष एवं पशुतुल्य पेटुओं के तलुवे चाटता रहा तो मुझे डर है कि कहीं कल हमारी भारती स्वयं तलुवे चाटने वालों की ही न बनकर रह जाये।

''बड़े बड़ों ने कहा है सहनशीलता रखो किन्तु कब तक? क्या इन पण्डित जी को पढ़ना भी नहीं आता कि वह दो शब्द तक न पढ़ सके ?''

वह और नरेश मुख्य सड़क पर आये तो एक बस आती दीख पड़ी। उसने हाथ दिया और बस रुक गई...शायद उन्हें उठाने के लिये ही...

19

सन्तान

पोरबन्दर के बस स्थल से ज्यों ही बाहर निकला तो कई तांगे वालों ने पूछा, ''कहाँ चलोगे साहब?''

''कहीं नहीं, यहीं तक जाना है'' मैंने उत्तर दिया।

''फिर भी कहीं तो जाना ही होगा, आईये हमारे तांगे में आईये। आपके पास सामान भी तो काफी है। चलिये मैं उठा लेता हूँ।'' एक ने मेरा बिस्तर थामते हुए कहा।

''नहीं भई नहीं मुझे कहीं दूर नहीं जाना। यही तो है सामने। मैं स्वयं ही चला जाऊँगा।'' और फिर ज्यों त्यों करके उनसे पिण्ड छुड़ाकर सागर के किनारे किनारे चला। दिन तो सर्दी के थे किन्तु पोरबन्दर में कोई खास सर्दी नहीं पड़ती। फिर सिर के ऊपर का तेज सूरज अपनी आग फेंक रहा था। कुछ ही दूरी चलते ही सम्पूर्ण शरीर पसीने से तर हो गया, किन्तु जब एक बार चल ही दिया तो चलता ही गया। दो तीन स्थानों पर पूछते हुए उस फ्लैट में पहुँच ही गया जहाँ जाना था।

द्वार पर लगा बटन दबाया तो अन्दर बड़ी तेजी से घण्टी बजी। किवाड़ में एक छोटे से छिद्र में से एक आँख दीख पड़ी और फिर किवाड़ खुले तो मैंने पूछा, ''राघव जी का घर यही है?'' प्रश्न ऐसे था जैसे कि उत्तर भी साथ ही हो। किन्तु जिसने किवाड़ खोले थे वह एक छोटी सी बच्ची थी और कुछ न समझ सकी तो एक आधी सी आयु की स्त्री आई और पूछा, ''आप किन्हें चाहते हैं?''

मैंने पहले तो नमस्ते किया और फिर कहा, ''राघव जी को।'' लेकिन तभी मेरे मस्तिष्क में एक बात टकराई, ''राघव तो उनका उपनाम है और इस घर में सभी को ही 'राघव' कहते होंगे।'' हाँ, हाँ क्षमा कीजियेगा मैं तो भूल ही गया था ''क्या अशोक जी घर पर हैं?''

''आ जाईये पहले आप अन्दर तो आ जाइये बाहर ही क्यों खड़ें हैं? अरे सन्तान साहब का बिस्तर अन्दर रख दे'' एक बच्चे की ओर संकेत करते हुए उस स्त्री ने कहा।

मैं अन्दर आया तब कुछ राहत मिली। पंखा चलाया और फिर मेज पर पड़ी एक पत्रिका को टटोलने लगा। तभी वह स्त्री मेरे निकट की एक कुर्सी पर बैठती हुई बोली, ''वह तो अभी तक नहीं आये हैं, बस आते ही होंगे। आप थोड़ी देर आराम कीजिये।''

''अजी, वह तो सब ठीक है'' मैंने रूमाल से अपना मस्तक पौंछते हुए कहा, ''मैं राजकोट से आया हूँ। प्रसून जी ने कहा था घर पर होके आना। साथ ही यह चिट्ठी दी थी'' और एक पत्र निकालकर उन्हें थमा दिया।

''अच्छा अच्छा अब समझी, अरी 'सवि' देख तेरे अंकल के पास से आये हैं। भाई साहब आपको तो बड़ी गर्मी लग रही है वैसे गरम पीओगे या ठण्डा।''

''नहीं जी नहीं, मुझे किसी चीज की इच्छा नहीं है, आप कोई कष्ट न कीजिये। हाँ थोड़ा पानी अवश्य पीऊँगा।''

''नहीं भाई साहब ऐसा क्या है?'' कहती हुई वह अन्दर गई और कुछ देर में जब निकली तो उसके साथ वही बारह तेरह वर्ष का बच्चा था जिसके हाथ में एक 'ट्रे' थी और ट्रे में एक गिलास 'रंगीन जल' से भरा हुआ।

''लीजिये भाई साहब आप पानी पीजिये और हाँ खाना...''

''नहीं बहन जी, मैं खाना बिल्कुल नहीं खाऊँगा। अभी अभी तो खाकर आया हूँ। यह फ्लैट ढूँढने में कई स्थानों पर पूछना पड़ा। किसी ने इधर बताया तो किसी ने उधर। फिर भी कुछ पता न चला। उधर भूख बड़े जोर की लगी थी। अत: होटल में चला गया। घर इसलिये नहीं गया क्योंकि यह सामान था, सोचा इसे देकर ही घर जाऊँगा। हाँ तो आखिर मैं लाचार होकर 'डाकखाना' गया और वहाँ यह पता दिखाया तो उसने स्थान बताया। कहते कहते मैंने 'ट्रे' में से 'गिलास' उठाकर पीना प्रारम्भ कर दिया, ''शर्बत है?''

"हाँ, हाँ बड़ी गरमी पड़ रही है न"

"मैंने तो पानी कहा था।"

"वह तो कोई बात नहीं।"

"बात तो बहुत कुछ है।"

"नहीं, नहीं, कुछ नहीं भाई साहब..." और वह बातों से बचने के लिये अन्दर चली गई।

उसके जाते ही मेरे नेत्र उस बच्चे पर पड़े जो ट्रे लिये था। इसी को पहले उसने 'सन्तान' कहकर पुकारा था।

सन्तान खाकी नैकर और आधी बाँहों का सफेद धुला हुआ बुशर्ट पहने था। मैंने सोचा शायद इन्हीं का लड़का है।

कुछ देर के बाद फिर वह बाहर आई और सन्तान को मेरे ही पास खड़ा देख बोली, "अरे तू यहाँ क्या कर रहा है। चल वो बर्तन साफ कर ले, साहब आने वाले हैं। खाना भी तो खाना है।"

अब मैं समझा सन्तान इनका पुत्र नहीं नौकर है। तभी मेरे नेत्र सामने की दीवार पर टंगे गांधी जी के एक लाठी लिये हुए चित्र पर पड़े। ऐसा लगा जैसे कह रहे हों, देख लो बेटा अंग्रेज तो चले गये अपनी पहचान छोड़ गये। उन श्रीमती जी को काम ही क्या है? किन्तु फिर भी बर्तन साफ करने, भोजन तैयार कराने व अन्य सहायताओं के लिये भी नौकर रखा है। वह भी बारह-तेरह वर्ष का बच्चा, जिसकी आयु नौकरी करने की नहीं पढ़ने की है। यदि इसकी अब यह दशा है तो अपने यौवन काल में यह क्या करेगा? क्या समाज के ऊपर बोझ बनकर नहीं बैठ जायेगा और या तो डाके डालेगा, जनता को तंग करेगा या फिर किसी की जेब काटकर जेल की हवा नहीं खायेगा?

ध्यान कुछ टूटा और मेरी आँखें दाईं ओर की दीवार पर पड़ी, शीशे में जड़ा चित्र स्वामी विवेकानन्द जी का था जिसका तेज मुझे धिक्कार रहा था और कह रहा था, "देख ले आज अपने समाजवादी समाज के कारनामे, जिसकी तू डींग मारा करता है। यही है वह समाज जिसके लिये तू दिन रात एक करने की बातें करता है। काम वैसे तू भी नहीं करता लेकिन क्यों? क्योंकि तेरे अन्दर भी सम्पूर्ण समाज की भाँति ही कमजोरी भरी पड़ी है जो तुझे काम करने से रोकती है।

अपना भार दूसरों पर लादने को प्रोत्साहित करती है और दूसरों के कार्य पर जीना सिखाती है। धोखा देना सिखाती है, रिश्वतखोरी और चोरबाजारी बढ़ जाती है नहीं तो क्या हम सब अपने पेट की पूर्ति के योग्य भी कार्य नहीं करते? करते तो अवश्य ही हैं किन्तु फिर भी भूखों इसलिये मरते हैं क्योंकि हमारे किये का एक बहुत बड़ा हिस्सा ये हरामखोर अपनी चालों के द्वारा हमसे छीन लेते हैं। कहीं धर्म के नाम पर पण्डे पीछे पड़ते हैं तो कहीं चर्च के नाम पर 'फादर' करते हैं। पण्डित ज्ञानी होते हैं और प्राणी का पिता 'एक' ही होता है किन्तु यहाँ तो बिल्कुल ही उल्टा है। धर्म के नाम पर मुल्ला, पण्डित, पादरी, 'ज्ञानी' (?) और न मालूम कौन कौन हमारे इस समाज में विष फैला रहे हैं। जिसका शिकार बनना पड़ता है इन मासूम बच्चों को।

बाईं दीवार पर ध्यान गया तो दायें हाथ में तलवार लिये नेताजी सुभाष चन्द्र बसु का चित्र था। मुँह की मुस्कराहट कुछ ग्लानियुक्त सी लग रही थी, जैसे कि हमारे इस कुकृर्त्य पर मुस्करा रही हो और कह रही हो, "बच्चू और न मानो मेरी! मैं तुम्हें कहता था, तुमने मेरी एक नहीं मानी। उठ खड़े हो अब भी इस अत्याचार के विपरीत और दिखा दो इस संसार को कि तुम भी कुछ हो। बच्चू मान लो अब भी मान लो मेरी। नहीं तो पश्चाताप करोगे और कहोगे कि समय रहते शस्त्र नहीं उठाये और अब जब शत्रु ने हमारे पंख काट दिये हैं तो..."

टर्र...टर्र घण्टी बजी! मैंने सोचा शायद अशोक राघव जी आ गये हैं। सन्तान दौड़कर आया किवाड़ खोले तो एक सज्जन ने अन्दर आते हुए पूछा, "साहब नहीं आये क्या सन्तान?"

"नहीं अभी तक नहीं आये" सन्तान ने उत्तर दिया।

"जब आयें तो उन्हें कहना राज आया था।"

"अच्छा साहब।"

और वह सज्जन उल्टे पैर लौट गये।

सन्तान ने किवाड़ बन्द कर लिये।

वह स्त्री फिर अन्दर से बाहर आई और सन्तान से पूछा, "कौन था?"

"राजू"

"इस राजू ने ही खाये" और फिर दो तीन पत्रिकायें मुझे थमाते हुए कहा, "लीजिये आप भी बोर हो रहे होंगे।"

"नहीं बहन जी मैं कभी भी किसी भी काम से उकताने वाला नहीं हूँ" मैंने कहा।

"फिर तो आप भी...अरी हाँ सवि... "

"हाँ मम्मी" सवि ने उत्तर दिया और दौड़कर बाहर आई।

"जा तू ऐसा कर प्रसाद जी के यहाँ पूछ के आ। वह आ गये या नहीं" उसने कहा।

"मम्मी जी..." बड़े स्नेह भरे शब्दों में सविता ने कहा, "आप सन्तान को भी मेरे साथ भेज दो ना।"

"नहीं, बिल्कुल नहीं। जाना हो तो अकेली जा। सन्तान को अभी मेज पर बर्तन लगाने हैं, तेरे डैडी आते होंगे।" और फिर मेरी ओर पलटते हुए। "न मालूम क्या बात हो गई अभी तक नहीं आये।"

टर्र...टर्र...टर्र...घण्टी बजी।

"शायद आ गये हैं" कहती हुई वह द्वार की ओर बढ़ी और फिर किवाड़ खोलते हुए, "बोली, राजकोट से आये हैं।"

मैं समझ गया कि यही वह सज्जन हैं और खड़ा होकर हाथ जोड़ते हुए कहा, "नमस्ते जी।"

किन्तु इसके बदले में उन्होंने हाथ बढ़ाते हुए कहा, "हैल्लो...हैप्पी टु मीट यू...हव...डू यू डू?"

मैं जल उठा किन्तु एक मित्र के घर था और उसके भाई साहब से मिला था। अत: जैसे भी हुआ, पी रहा किन्तु मन में प्रतिकार की भावना प्रज्वलित हो उठी।

इधर उधर की पाँच सात बातें होने के उपरान्त जब मैंने चलने को कहा तो पहले तो उन्होंने मना किया। किन्तु आग्रह करने पर कहने लगे "ठीक है जब आप नहीं मानते तो जैसी आपकी इच्छा।" हम द्वार तक आ चुके थे, उन्होंने हाथ बढ़ाया मैंने कहा, "नमस्ते" और नीचे उतर आया।

× × ×

संध्या के भोजन के उपरान्त मैं फिर पोरबन्दर की उन्हीं चौड़ी सड़कों पर पहले की भाँति ही निकल पड़ा। चौपाटी भारत...मन्दिर और फिर उसी सड़क पर आगे बढ़ा तो बढ़ता ही गया।

''तू भी खपती है मैं तेरी कबसे प्रतीक्षा कर रहा था, किन्तु तेरा कहीं पता नहीं चला।'' पीछे से मेरे कंधे पर हाथ रखते हुए हरीश ने कहा।

''अच्छा तो सब अपने जैसे दिखाई देने लगे।'' मैंने उत्तर दिया, और फिर हम दोनों खिलखिलाकर हँस पड़े।

तभी मेरे नेत्र सड़क के पास ही एक विद्युत खम्बे की ओर पड़े, जिसके नीचे बैठे हुए दो बालक कुछ पढ़ रहे थे। पहले तो मैंने सोचा कोई बाजारू पुस्तक होगी जिसे यह अपने माता पिता से छुपाकर पढ़ रहे हैं किन्तु ज्यों ही मैं आगे बढ़ा तो देखा उन बालकों में एक की सूरत जानी पहचानी थी। ''यहाँ क्या कर रहे हो?'' मैंने पूछा तो वह काँप उठा। वह और कोई नहीं 'सन्तान' ही था।

मैंने उसके हाथ की पुस्तक लेने में अति शीघ्रता की और खोलकर देखा तो सातवीं कक्षा का गणित था। ''यह किसकी है'' मैंने पूछा और ज्यों ही पूछने के लिये नीचे देखा तो सन्तान काँप रहा है। उसके पास रखी स्लेट पर आँसू के कई मोती गिर चुके थे।

''क्या बात है सन्तान तुम डरे हुए क्यों हो?''

''अंकल यह किताब...'' उसने कहना प्रारम्भ किया।

''अंकल नहीं भैया'' मैंने उससे कहा।

भाई साहब यह किताब सवि की है, सवाल निकालने के लिये लाया था। दिन में तो टेम नहीं मिलता रात में भी वहाँ तो वह नहीं पढ़ने देते। कहते हैं अब तू बनेगा कलक्टर इसीलिए यहाँ आ जाता हूँ...आप उन्हें बतायेंगे तो नहीं।

''नहीं भाई नहीं, लेकिन यह कौन है। पास ही में बैठी एक आठ नौ वर्ष की बच्ची की ओर संकेत करते हुए मैंने पूछा।

''मेरी छोटी बहन है''

ठीक है मैं किसी को नहीं बताऊँगा। ''खूब पढ़ो, हाँ तुम्हारा घर कहाँ है?''

''यहीं तो है सामने। चलो, आपको अपना घर दिखाकर के लाता हूँ'' सन्तान ने कुछ स्वस्थ सा अनुभव करते हुए कहा।

''नहीं भैया फिर कभी चलेंगे'' मैंने उत्तर दिया और फिर हम दोनों इन भाई बहिन को पुस्तक में संलग्न छोड़ कर आगे बढ़ गये।

''कौन था यह'' हरीश ने पूछा।

''कोई नहीं, फिर कभी बताऊँगा'' मैंने कहा।

× × ×

तीसरे दिन जब मैं उस झोंपड़ी में घुसा तो मेरे साथ हरीश भी था और हाथ में एक छोटा सा थैला था।

''नमस्ते माता जी'' हरीश ने हाथ जोड़ते हुए एक आधी सी आयु की स्त्री को देखते हुए उस समय कहा जब मैं झोंपड़ी के किवाड़ पर खुदे 'ॐ' पर दृष्टि डाले सोच रहा था कि यही है परमात्मा का घर।

''नमस्ते साहब क्या सन्तान की कोई शिकायत लेकर आये हैं?''

मेरा ध्यान टूटा तो मैंने भी नमस्ते करते हुए कहा, ''नहीं माता जी, ऐसी तो कोई बात नहीं है। हम तो वैसे ही आपके दर्शन करने चले आये थे।''

''दर्शन और मेरे, क्या बात करते हैं आप?''

''अजी हाँ बैठ तो जाइये!'' जैसे उसे कुछ स्मरण हो आया हो।

''नहीं माता जी, हम खड़े ही ठीक हैं। हाँ क्या आप दो चार बातें बता सकती हैं?'' मेंने पूछा।

''हाँ हाँ क्यों नहीं, यदि मेरे लायक होंगी तो अवश्य ही।''

''तब फिर आप सन्तान को किसी स्कूल में क्यों नहीं भेज देती। पढ़ने में तो उसका मन खूब लगता है।''

''मन तो लगता है, लेकिन घर का कार्य भी कैसे चले?''

''क्यों सन्तान के पिता जी...''

''वह तो जो सायं तक कमा कर लाते हैं खाने का भी काम नहीं चलता?'' उसने वाक्य काटते हुए कहा।

"इसके अलावा आपको पैसे कहाँ चाहिये माताजी?"

यदि आप माँ ही कहते हैं तो बस सुन लो, "तीन साल पहले लड़की के हाथ पीले किये थे, वो चार सौ रुपये अशोक साहब से लिये थे। यही सोचते हुए कि पैसे कुछ कम हो जायेंगे सन्तान को वहाँ लगा रखा है, जिससे पैसे तो कम नहीं हुए हाँ सूद के कारण बढ़े भी नहीं। अब यदि उसे पढ़ने से न उठाते तो उस पर भी खर्च होता और सूद भी बढ़ता जाता। फिर स्कूल में सन्तान उपद्रवी होता जा रहा था। उस पर भी रोक लग गयी।" उसकी आँखों में आँसू छलक उठे थे।

"किस कक्षा में पढ़ता था सन्तान?" इस बाद हरीश ने पूछा।

"छठी की परीक्षा पास की थी बेटा।"

"फिर तो हिन्दी के साथ ही साथ अंग्रेजी के अक्षर भी अच्छी तरह पहचान लेता होगा?"

"हाँ भई तुमने कल देखा नहीं सातवीं का गणित जब उसके हाथ में था तो पास ही में अंग्रेजी की आठवीं की पुस्तक भी रखी थी।" इस बार उत्तर मैंने दिया तो पुस्तक की बात सुनकर वह स्त्री चौंक उठी।

"क्या उसने आपकी कोई पुस्तक चुरा ली है बेटा? जरूर चुराई होगी। अशोक साहब भी एक दिन यही शिकायत लेकर आये थे कि उनकी बेटी की पुस्तक चुराकर ले आया तेरा बेटा। उसके आते ही मैं उसकी खबर लूँगी और आपकी पुस्तक आपको मिल जायेगी..."

"नहीं माता जी ऐसा कुछ नहीं है। आप कल से सन्तान को हमारे यहाँ कार्य करने के लिये भेज दीजियेगा। विद्यालय से आने के उपरान्त वह हमारे मुद्रणालय में अक्षर बैठाने का कार्य कर दिया करेगा। यदि एक डेढ़ घण्टा भी मन लगाकर काम करेगा तो बहुत है। इससे उसका ज्ञान भी बढ़ेगा, काम भी सीखेगा, पढ़ाई भी चलती रहेगी और आपका कर्ज भी कम होने लगेगा।" हरीश ने बीच में बोलते हुए कहा।

"नहीं बेटा ऐसा हम न कर सकेंगे क्योंकि जिस दिन भी हम 'सन्तान' को वहाँ से हटायेंगे उसी दिन अशोक साहब पैसे माँगेंगे जो हमसे न बन पड़ेंगे और फिर यह झोंपड़ी भी न रहेगी।"

''माताजी इसकी आप चिन्ता न करें। अभी तो मेरे पास नहीं हैं। घर पहुँचते ही मैं आपके पास चार सौ रुपये भिजवा दूँगा और आप तुरन्त ही जो पैसे लेकर आये उसी के साथ सन्तान को हमारे यहाँ भेज दें। हाँ एक बात होगी, जो शायद आपको अच्छी न लगे। सन्तान आपके पास रविवार को ही आ सकेगा और दिन नहीं।''

''इसमें क्या है बेटा अब तो वह इतवार को भी नहीं आता, लेकिन आपके यह सब करने का कारण क्या है?''

''कारण कुछ नहीं माता जी। सन्तान बड़ा मेहनती लड़का है और आपके पुत्र को यदि इसी प्रकार पिसते रहना पड़ा तो यह किसी अच्छे कार्य में नहीं लग सकेगा बल्कि जेल की हवा खायेगा।''

''नहीं बेटा ऐसा न कहो?'' वह स्त्री घुटनों में सिर डालकर चीखते हुए बोली।

''धीरज रखो माता जी, अब तो सभी कुछ ठीक ठाक हो गया है। आपको इसकी अब कोई भी चिन्ता न करनी चाहिये। अच्छा हाँ भई हरीश अब हमें चलना चाहिये।''

''अच्छा माता जी नमस्ते। आपका बहुत, बहुत धन्यवाद।'' मैंने चलते हुए कहा तो हरीश ने भी नमस्ते की और हम बाहर निकल आये।

झोंपड़ी के बाहर जब मेरे पैर पड़ रहे थे तो मेरे कानों में कुछ शब्द पड़े, ''हे भगवान तेरी लीला अपार है क्या आज भी इस संसार में ऐसे ऐसे देवता बसते हैं?''

''जब हम आगे बढ़े तो मेरे मुँह से अचानक ही निकल गया।'' अरे कंजूस आज तो तू बड़ा दानी बन गया, कभी तो पैसे पैसे को सूँघता था।

''नहीं गुरु ऐसी कोई बात नहीं। लेकिन जब तुमने इस लड़के के बारे में बताया तो मैंने सोचा कि अब तक तो मैं तुझे कहता ही था किन्तु अब तू वास्तव में खपती हो गया है। भला तुझे क्या पड़ी है इन सबके बारे में सोचने की? लेकिन जब घर पहुँचा तो तुरन्त ही कार लेकर समुद्र के किनारे दूर तक जाना पड़ा। किस्तियों में नैरोबी से कुछ माल आ रहा था, जिसे नगर से दूर प्राप्त करना था।'' वह कहे जा रहा था किन्तु मेरे मन में कुछ आया तो मैंने बात काटी।

''नैरोबी से माल और किस्तियों में?''

''नहीं गुरु वहाँ से तो जहाज में आया था किन्तु आरक्षकों के भय से इस प्रकार के माल को दूर समुद्र में ही किस्तियों में बदल लेना पड़ता है, हाँ तो जब एक किस्ती निकट आई तो मैंने देखा कि उस पर वहीं कहीं छुपे हुए आरक्षकों ने आक्रमण कर दिया और मेरी आँखों के सामने ही स्वर्ण से भरे सन्दूकों पर हमारे दोनों आदमी ढेर हो गये।'' अचानक न मालूम क्या हुआ कि मेरी अन्तरात्मा मुझे कोस उठी। ''कितना धन है किन्तु किस काम का। सब कुछ होते हुए भी कुत्ते बिल्लियों से भी बदतर मृत्यु।''

''मैंने कार मोड़ी और सीधा घर चला आया। मार्ग में यदि कुछ सोच रहा था तो बस यही कि अब इस पैसे को किसी अच्छे कार्य में लगाना है। यह कहकर मुझे इस बच्चे का विद्युत खम्बे के नीचे बैठा हुआ वह चित्र ध्यान आ रहा था और मैंने निश्चित कर लिया था कि यदि मैं और कुछ नहीं कर सका तो कम से कम इसके जीवन को अवश्य ही सुधार दूँगा।''

''विचार तो नेक है'' मैंने कहा, लेकिन उसे भी अपने इसी काले धंधे में मत लगा लेना।

''नहीं गुरु इसीलिये मैंने उसको काम पर लगाने को कहा है। नहीं तो पैसे वैसे भी दिये जा सकते थे। अब वह पढ़ेगा भी और काम भी करेगा। उसे अपनी हीन भावना भी न सतायेगी। साथ ही अपने रक्त स्वेद से प्राप्त पैसे का प्रयोग भी वह अभी से उचित ही करेगा और पढ़ाई में भी उसका मन लगेगा क्योंकि उसे पता रहेगा कि यदि वह कठिन परिश्रम से न पढ़ेगा तो यह पैसा व्यर्थ जायेगा। इसी कारण वह मेरे मार्ग पर भी नहीं चलेगा और फिर अब से मैं भी तो इस कार्य को धीरे-धीरे कम कर रहा हूँ क्योंकि एक साथ ही छोड़ दिया तो दूसरे हिस्सेदार मेरे प्राणों के शत्रु बन जायेंगे। धीरे धीरे करने से जब मैं उन्हें घाटा दिखाऊँगा तो वह स्वयं ही मेरा साथ छोड़ देंगे। फिर मेरे पास जो भी पैसा बचा है उसका मैं अनुचित नहीं वरन् उचित उपयोग करूँगा। इसीलिये अब से मैंने आयकर की बिल्कुल भी चोरी न करने का फैसला किया है।''

''वैसे तुम्हारा नाटक है खूब'' मैंने कहा।

''वह कैसे गुरु'' हरीश ने पूछा।

''हरीश तू मुझे चलाता है? क्या वह दो खून तेरे लिये पहले थे क्या तूने स्वयं कभी खून नहीं किये?''

''ऐसी बात नहीं है गुरु, लेकिन कोई कोई समय ही ऐसा होता है कि छोटी सी बात भी अपना गहरा असर छोड़ जाती है और कभी बड़ी बड़ी ठोकरों से भी कुछ नहीं होता।''

और फिर...

20
सत्या

जब दफ्तर से लौटा तो राधा ने एक कागज का बड़ा सा टुकड़ा मेरी ओर बढ़ाते हुए कहा, ''देखिये न यह आपके काम का तो नहीं? बिट्टू इससे खेल रहा था। मैंने सोचा शायद आपका कोई आवश्यक कागज होगा। नम्बर भी तो पड़ा है इस पर।''

राधा, मेरी पत्नी के लिये प्रत्येक काले अक्षर और चींटे में कोई अन्तर नहीं। कोई बच्चा अपने हाथों कागज पर स्याही पोत दे अथवा कोई कवि अच्छी सी कविता लिख दे उसके लिये समान है। यही एक कारण है कि घर का कोई भी कागज घर की चौखट से बाहर जाने से पूर्व कई बार उसके हाथों द्वारा मुझे थमा दिया जाता है और मैं उत्तर देता हूँ, ''कोई बात नहीं फेंक दो।'' वह डरती है, डर सच्चा भी है कुछ ही दिनों पूर्व तो पड़ोस के एक 'बाबूजी' की नौकरी उसके बच्चे द्वारा दफ्तर का कोई कागज आग में फेंक देने के कारण छूट गई। राधा की आँखें तो उसी दिन से चार हो गई है। मजाल है कि बिट्टू किसी भी ऐसे पत्र को हाथ लगा दे जिस पर कोई शब्द छपा हो अथवा नीचे कुछ स्थान छोड़कर दाईं ओर के कोने में दो एक और पंक्तियाँ टेढ़ी मेढ़ी बनी हों। यह पहचान उसने हस्ताक्षरों की की हुई है। यदि हस्ताक्षर कुछ नये ढंग के हैं अर्थात मेरे नहीं हैं तो पूछो ही नहीं।

मैं बहुत थका था, दो बज चुके थे। कलेवा भी प्रातः ही किया था। दफ्तर में जो लेकर गया था मध्यान्तर होते ही साथी चट कर गये। और दिन तो कुछ मिल भी जाता था आज तो दर्शन भी नहीं हुए थे। कागज हाथ में लेते ही मैंने कह दिया, ''ठीक है देख लूँगा। तुम खाना लगाओ बड़ी भूख लगी है आज

तो 'क्या आज भी...' राधा ने बात काटते हुए कहना ही चाहा था कि मैंने भी बीच में ही बोला, "हाँ हाँ तब क्या हो गया हम भी तो कभी ऐसा ही करते थे। यह तो बदले हैं" और वह कुछ बड़बड़ाती हुई रसोई में चली गई।"

जब लौटकर आई तो उसके गुलाबी कपोल अंगारे के से दहक रहे थे। वैसे ही मद्रास में गर्मी की कमी नहीं तिस पर यदि कुछ भी समय आग के सामने बैठना पड़ जाये और वह भी दोपहर के समय...

मैं समझ गया सब्जी गर्म करनी पड़ी है। अतः कह बैठा, "क्यों आज भी पहले ही बना लिया या क्या?" आखिर राधा तुम्हें इतनी जल्दी क्यों लगी रहती है क्या मैं थोड़ी सी भी प्रतीक्षा नहीं कर सकता ?

"हाँ हाँ बड़े प्रतीक्षा करनेवाले हैं आप। क्षण भर तो रह नहीं सकते..." वह कहती हुई खाना लगा रही थी कि मैंने हाथ खींच लिया।

"देखिये देखिये...बिट्टू आ गया..."

भोजन समाप्त हो गया था कि पड़ोसिन आ धमकी 'नमस्कार स्वामी' उसके स्वर थे।

"नमस्ते...नमस्ते" मेरे मुँह से निकला आइये भोजन...

"नहीं...मैं तो" और शायद वह इससे अधिक हिन्दी बोलने में असमर्थ थी। मैं कह भी नहीं पाया था कि बैठ जाइये वह गोद में बच्चा लिये निकट ही चारपाई पर बैठ गई और फिर कुछ सोचकर जैसे हिन्दी बोलने का प्रयत्न कर रही हो बोली, "सत्या आई?" और उसने चारों ओर देखा।

"नहीं तो" राधा ने उत्तर दिया तो पड़ोसिन, जिसका नाम तो मुझे नहीं पता, हाँ हम कल्लो कहते थे, जो उसके बहुत अधिक काले रंग के कारण था वैसे तो हम स्वयं भी उसी श्रेणी में आते हैं लेकिन वह कुछ और आगे थी, उठी और रसोई में घुस गई। इधर उधर झांकती हुई बाहर आई और फिर बोली, "मॉर्निंग...गायब...ढूँढ़...ढूँढ़...पूछ....पूछ... पता...इल्लै।"

"क्यों क्या हुआ उसे?" राधा ने पूछा किन्तु वह जैसे सुन ही नहीं रही थी।

"यार...हैं...सब...काम...इल्लै...खाना...बहोत इंगे...अंगे परवालै...बताते नहीं यार हैं...यार... ...अखबार कहती हुई वह बाहर निकल गई।"

"उसके कहने का तात्पर्य था सत्या प्रभात से गायब है, पता नहीं कहाँ चली गई। बहुत ढूँढ़ लिया है, सभी से पूछ लिया, कोई पता नहीं चला कोई नहीं बताता...

"सभी उसके मित्र हैं काम करती नहीं थी खाती बहुत थी। कभी यहाँ घूमती रहती थी तो कभी कभी वहाँ परवाह कोई उसे न थी, सभी उसके मित्र हैं कोई नहीं बताता।" राधा ने मुझे ऐसे समझाने का प्रयत्न किया जैसे मैं कुछ न समझा था।

"लेकिन वह तो यार कह रही थी" मैंने मुस्कराते हुए कहा तो राधा ने आँखें नीची कर ली।

"हाँ उसका तात्पर्य..." राधा ने कुछ कहा तो मैंने ही कह दिया, "ठीक है ठीक है उसके मित्र अर्थात लड़के जिनसे उसका संबंध..."

"आपने आज बड़ा विलम्ब किया मैं तो प्रतीक्षा में ही बैठी रही...आप भी..." राधा ने इस ध्येय से बीच में कहना उचित समझा कि मैं उस लड़की के बारे में और कुछ न कहूँ। शायद राधा को सत्या के लिये यह सब अच्छा न लग रहा था।

"इन दिनों तुम्हारी भाषा साहित्यिक होती जा रही है राधा...मुझे डर है कि कहीं कोई कवि...अरे हाँ तुम थोड़ा पढ़ना लिखना भी प्रारम्भ क्यों नहीं कर देती। दो माह भी नहीं हुए कि तुम तमिष् हिन्दी की दुभाषिया बनी जा रही हो। भाषा से ग्रामीणता मानो फुर हो गई है। कैसे भूल गई तुम अपनी भाषा?" मैं कह ही रहा था कि राधा को जैसे अपनी भाषा स्मरण हो उठी। "मैं तो नाऽऽ भुल्ली...मैं...तो...थारा..." उसने प्रारम्भ किया तो मेरे मुँह से निकल गया, "बस बस अब वह बात नहीं रही अब तो..." और मेरी शरारत जग पड़ी...

"माँ..." बिट्टू इस बार वास्तव में जग गया था।

राधा रसोई की ओर बढ़ी और मैंने अल्मारी में से एक पत्रिका निकाली। एक दो पन्ने पलटे और मेज पर रख दी। बड़ी प्यास लगी थी। भोजन के उपरान्त पानी खूब पिया था लेकिन फिर भी इतनी प्यास...गर्मी के दिन और वह भी मद्रास की। इसी को देखते हुए ही विद्युत पंखा खरीदा था किन्तु बिजली की 72% कटौती के कारण किसी भी काम का न रहा।

उठने को मन न चाहा किन्तु प्यास लगी थी। राधा को मैंने तंग करना उचित

न समझा। वैसे भी मेरे आवाज देने पर भी वह इन्तजार करने वाली न थी क्योंकि शायद वह मेरी शरारत ही समझेगी...मुझे उठकर रसोई के द्वार पर रखे घड़े से पानी पीना पड़ा। दफ्तर के कपड़े निकाल लुंगी पहनी। ऊपर बनियान थी। चारपाई को मुख्यद्वार के सामने किया और लेटा रहा, सोने का प्रयत्न करने के लिये।

नींद का नाम न था। कभी आँख मूँदता तो कभी खोलता। तभी देखा कि बिट्टू फिर उठ गया था शायद। एक कपड़ा लेकर मैंने हवा की तो उसे कुछ राहत मिली, वह फिर सो गया। राधा बर्तन आदि साफ कर चुकी तो बोली, ''आप सो जाईये मैं हवा कर दूँगी।''

''हाँ थक गया हूँ...'' मैंने लम्बी सी साँस ली और उस मुँह को देखता रह गया जिसे देखता हुआ कभी नहीं थकता। ''सत्या कहाँ जा सकती है?'' तभी मैंने सुना, शब्द राधा के ही थे।

''राधा?''...मेरे मुँह से निकला और मैंने करवट ली। राधा हवा कर रही थी। गंभीरता से बिट्टू के मुँह को देखती हुई और मैं था कि उसकी गंभीर मुद्रा को देखे जा रहा था। ''शब्द ज्ञान के अतिरिक्त कौन सा ज्ञान नहीं है...और कौन है प्रिय इतने निकट... '' आँख झपकी और खुली...'सत्या'...उसके मुँह से निकला और मैंने फिर करवट ली। इस बार मेरे सामने दीवार थी...मात्र दीवार...नींद का नाम न था...हाँ...मन भूत की ओर दौड़ रहा था...।

''कई मास पूर्व जब राधा मेरे साथ नहीं थी। मैंने यह मकान लिया था। छोटा सा। एक कमरा और रसोई। अस्सी रुपये। एकाकी जीवन का एकाकीपन खलता तो पुस्तक उठा लेता। कई पत्र पत्रिकाएँ समय व्यतीत करने के लिये ही मैंने मंगाने प्रारम्भ किये थे। लेकिन दिन शिखर होते तो रात पहाड़...देर तक नींद न आती। कभी प्रकाश करता और कभी अंधे सा बैठता लेटता अथवा घूमता और सोचता। कई दिन काटे, लेकिन सोच रहा था कि कब इस एकाकी जीवन से पिण्ड छूटे।

पूर्वी ताम्ब्रम् का यह आनन्दपुर मुहल्ला...मद्रास से...पच्चीस तीस किलोमीटर दक्षिण...दक्षिण...विद्युत गाड़ी...''

अचानक ध्यान टूटा तो मुँह से निकला, ''कितना दुखी था मैं'' ओंठ मात्र हिला राधा ने सोचा नींद में हूँ।

एक दिन प्रातः जब किवाड़ खोले तो सामने एक 'रंग' था हाँ मैंने ठीक ही तो कहा था क्या रंग है और वह अन्दर चली गई थी। अन्दर से कल्लो के कुछ शब्द गूँज उठे थे और वह फिर हाथ में झाड़ू लिये बाहर की ओर साफ करने आ गई थी। उसकी असहाय की सी मुख मुद्रा मुझ से देखी न गई और मैं अन्दर आ गया। जब दूसरी बार बाहर निकला तो वह नल पर बर्तन साफ कर रही थी। कई बर्तन पड़े थे उसके सामने। मन में आया सहायता कर दूँ। मुझे कहने की सूझी, परन्तु तुरन्त ही किसी अज्ञात शक्ति द्वारा अन्दर बुला लिया गया। मैंने खाना बनाना प्रारम्भ किया तो तीन चार बार हाथ जले। बीच में पानी लेने बाहर निकलना पड़ा तो हाथ में बाल्टी लिये मैं भी पहुँच गया और बोला, "हम भी पानी भरेंगे।" उसने तुरन्त अपना घड़ा हटा लिया और दूर देखती हुई अलग खड़ी हो गई।

"क्या हिन्दी समझती हो?" मैंने पूछा।

"आप पानी लेकर जाइये, मुझे देर हो रही है।"

उत्तर हिन्दी में मिला तो मैं आश्चर्यचकित रह गया और मुझ में साहस न रहा कि पानी भरता। बाल्टी निकट ही छोड़ी। मैं अन्दर चला आया। मुड़कर देखा तो उसका घड़ा फिर नल के नीचे लगा था। चलते समय वह मेरी बाल्टी भी नल के नीचे रख गई थी।

"बाबूजी माल चाहिये" उसी दिन सायं के समय एक बूढ़े ने पूछा, तो मैंने उत्तर दे दिया।

"आवश्यकता होगी तो बता देंगे।"

"कहो तो दिखा दूँ?"

"नहीं, अभी नहीं।"

"फिर कब?"

"कह दिया न कि अभी नहीं।"

मुझे क्रोध आ गया। बूढ़ा हिन्दी अधिक न जानता था। अतः कुछ कहना भी व्यर्थ था। इसी लिये स्वर ऊँचा करके मैंने कह दिया, "नहीं चाहिये" और बूढ़ा खिसक गया।

एक दिन पूर्व ही यदि ऐसा होता तो शायद मैं कह देता पहले दिखाओ लेकिन आज...ऐसी क्या बात है...

मेरी आँखें फिर खुली। तथा हवा करती हुई शायद थक चुकी थी इसीलिये वह भी लेट गई। मैंने उसकी मुख मुद्रा को देखा तो मुझे उसमें वही लड़की दिखाई दी।

वही क्रम कई दिन चलता रहा। न मैंने कुछ कहने का साहस किया और न वह ही कुछ बोली, मेरा एकाकीपन अब मुझे न खलता था। हाँ उसका ध्यान प्रतिपल लगा रहता। नींद अब भी न आती।

उस दिन दस बजे थे, प्रायः सभी सो चुके थे। मुझे भी न जाने क्यों नींद आने लगी थी कि मैंने अचानक कल्लो का स्वर सुना। तमिष् अपनी समझ से बाहर है लेकिन मेरा अनुमान था कि क्रोध बरस रहा है।

दूसरे दिन जब मैं पानी लेने नल की ओर बढ़ा तो 'वह' एक बर्तन के किनारे पर लगी दाल को उतार खा रही थी। देखकर मुँह फिरा लिया ,"मुझे नाम अब पता चल चुका था।"

"क्या तुम्हें भूख लगी है सत्या?" मैंने कहा तो, "नहीं तो" उसका उत्तर था।

"फिर क्या कर रही हो?"

"कुछ नहीं" इतना कहने के साथ ही साथ मैंने देखा कि उसकी आँखें भर आई थीं।

"क्यों सत्या क्या बात है?"

"कुछ नहीं।"

"नहीं, कुछ तो है।"

"मैंने कहा न कुछ नहीं।"

"ठीक है, कल्लो कहाँ गई है?"

"कौन कल्लो!"

"वही तुम्हारी माँ।"

"अच्छा...वह मेरी माँ नहीं है। मेरी कोई माँ नहीं है..."

"क्याऽऽ?"

"हाँ वह मेरी आण्टी हैं।"

"कहाँ गई, कब लौटेगी?"

"मद्रास गई है किसी सम्बंधी से मिलने।"

"तब तो सायं तक नहीं लौटेगी।"

"हाँ, शायद कल आयेंगी।"

मैंने चारों ओर देखा, गली में कोई कहीं दिखाई नहीं दे रहा था। मैंने उसका हाथ पकड़ा और कमरे की ओर ले आया। उसने काफी बल लगाया किन्तु उसमें इतनी शक्ति न थी कि रुक सकती। कमरे में पहुँचते ही उसने बल उपयोग त्याग दिया, क्योंकि सामने की मेज पर खाना लगा था।

उसका ध्यान अचानक उधर गया तो वह देखती रह गई। मैंने उसका हाथ छोड़ कुर्सी की ओर संकेत किया। वह बैठ गई।

"सत्या यह खाना तुम्हारे लिये है" मैंने कहा तो चुप ही रही।

"चलो भोजन करो" मैंने कहा। उसने एक बार मेरी ओर देखा और फिर खाने पर लग गई।

"कितने दिन से खाना नहीं खाया सत्या" मैंने पूछा तो मुँह चलते हुए ही उसने कहा, "दो"।

"क्या?" मेरे मुँह से निकला था।

कितनी बातों का पता चला था मुझे उस दिन, सत्या के पिता पहले कानपुर में कोई कार्य करते थे। वहीं सत्या को हिन्दी का ज्ञान हुआ और माँ के निधन तक वहीं वह अब तक रही थी। लेकिन अब उसके पिताजी तिरुपति में कोई छोटी मोटी दुकान करते हैं। सत्या भी उन्हीं के पास थी लेकिन एक दिन उसके चाचा गये और सत्या के पिता से उसके लिये लड़का ढूँढने को कह उसे ताम्ब्रम् ले आये। चाचा ट्रक चालक हैं। सप्ताह में एक दो बार आते हैं, बड़ा स्नेह है उन्हें। उनके सामने कल्लो सत्या को कुछ नहीं कहती, काम भी कुछ नहीं कराती कितना स्नेह जताती है उससे।

अगले दिन सत्या देखते ही मुसकरा उठी थी। उसके लाल कपोल देखते बनते थे। मुझे आभास भी न था कि वह दक्षिण भारतीय थी। वैसे दक्षिण भारत में भी सभी रंग मिलते हैं, परन्तु वह रंग कुछ विशेष था, कम से कम अपने

लिये। मुसकराहट भरे कपोलों की गहराई अवर्णनीय थी। इससे बढ़कर क्या माल होगा स्वामी मैंने सोचा था।

मेरा मन कभी यक्ष रूप धारण करने पर उतरता तो न मालूम क्यों मेरे पैर रुक जाते। कई बार मैंने सोचा था कि आज में सत्या को मजबूर कर दूँगा लेकिन जब वह पत्रिका लेने अथवा किसी और कारण से कमरे में आती तो मैं उसे देखते रहने के अतिरिक्त और कुछ भी न कर पाता।

कौन सी शक्ति थी वह? क्यों मेरे बढ़ते कदम रुक जाते थे। आखिर क्या कारण था?

उस दिन मैंने तय कर लिया था कि किसी भी कीमत पर आज सत्या को नहीं छोड़ूँगा।

वह आई और पहले दिनों की भाँति ही मुसकराती हुई मेज की ओर बढ़ गई। मेज पर ज्यों ही पत्रिका उठाने के लिए वह झुकी तो मैंने किवाड़ बंद कर दिये।

''क्या बात है बाबूजी?'' उसने पूछा।

''कुछ नहीं हवा आ रही थी।'' मैंने उत्तर दिया।

''हवा, हवा का तो नाम भी नहीं है।''

''अरे तुम क्या हवा से कम हो।'' मैंने कंधे से पकड़ते हुए उसे बैठाने का प्रयत्न किया तो वह फिर बोली, ''आपको क्या हो गया है बाबूजी, आप ठीक तो हैं?''

''हाँ...हाँ...क्यों नहीं।''

''फिर यह सब।''

''यह सब तो कुछ नहीं सत्या, तुम्हारी आँटी!''

''आँटी, आँटी को क्या हुआ वह तो माम्वलम् गई है, सायं से पूर्व नहीं लौटेगी।''

इतना सुनना था कि मेरा यक्ष जग उठा और मैंने सत्या को अपनी ओर खींच लिया। उसकी चीख सी निकली। वह कुछ गति के साथ उठी और उसके मुँह से निकली, ''आप..आप...आप तो...''

अचानक कोई चूहा, पक्षी अथवा पता नहीं क्या ऊपर हिला और अलमारी के ऊपर रखा राधा का चित्र मेरे सिर पर आकर गिरा। सत्या मुसकराती हुई बाहर निकल गई। मुझे स्मरण हो आया मेरी पत्नी राधा...

आँख खोली तो राधा मेरे निकट ही सोई थी। मेरे और उसके बीच बिट्टू था। गर्मी का अब पता नहीं था। जैसे हवा हो गई हो अथवा...

वह फिर कभी भी पत्रिका लेने अन्दर नहीं आई वैसे भी उसने कभी साहस न किया। दसवीं करने के उपरान्त ही उनकी पढ़ाई छूट गई थी। पढ़ने का मन तो था लेकिन क्या करती?

तीन दिन बाद सत्या नल पर बैठी बर्तन साफ कर रही थी कि मैंने उसके भरे हुए आँसू देखे। मुझे साहस न हुआ कि पूछ लूँ क्या हुआ? मेरा मन असन्तुलित हो उठा था। इसीलिये समझाया। कहीं घूम आऊँ पाँच दिन की छुट्टी ली और महाबलिपुरम पहुँच गया। वहीं से पांडिचेरी भी गया। मन कुछ स्वस्थ हुआ तो लौट आया। कैसे दिन थे वह? कितनी बार लिखा था घर कि राधा को लेकर चले आओ। कोई भी तो नहीं आया था।

एक मास और व्यतीत हो गया। सत्या अब न बोलती थी और न मेरी ओर देखती थी। कल्लो ने भी शायद उसे कुछ कहना बन्द कर दिया था। क्यों? पता नहीं घरवालों ने भी मुझे शायद न लिखने की कसम खा ली थी।

उस दिन दफ्तर से लौटा तो सत्या ने आकर एक तार थमा दिया था और इससे पूर्व कि मैं कुछ पूछता, वह चली गई थी। तार से पता चला कि छोटे भैया के साथ राधा आ रही है।

अब सत्या में मेरा कोई चाव नहीं रह गया था। राधा जो आ गई थी...राधा...

जब नींद न आई तो मैं उठ बैठा और राधा की सुप्त सुन्दरता को देखता हुआ फिर अपने में ही डूब गया। बीच बीच में कल्लो के शब्द कभी कभी मेरे कानों में पड़ रहे थे।

तभी मेरा मित्र राजू आ पहुँचा जो वैसे तो केरल प्रदेश का है लेकिन हिन्दी, तमिष् और अंग्रेजी अच्छी बोल व समझ लेता है।

इधर उधर की दो चार होने के उपरान्त पता चला कि कल्लो आनन्दपुर के लड़कों को कोस रही थी।

कारण? सत्या की आत्महत्या! कुछ ही समय पूर्व आरक्षकों ने आकर उसे कुँए से निकाला था और अब उसे परीक्षण के लिये आगे भेजा था।

''क्या कारण हो सकता है राजू?'' मैंने पूछा था।

''कारण क्या आजकल की लड़कियाँ तो उड़ना चाहती हैं मुझे तो लगता है कुछ दाल में काला है।''

''नहीं ऐसा नहीं हो सकता, सत्या ऐसी लड़की नहीं थी राजू!'' मैंने उसे अच्छी तरह जानता हूँ।

''हाँ हाँ क्यों नहीं पड़ौसिन तो तुम्हारी भी थी। क्यों! डोरे तो नहीं डाल दिये थे प्रबोध!''

''नहीं राजू, तुम यह क्या कह रहे हो। मेरे साथ राधा है फिर...''

अरे प्रबोध जी दो ही तो मास हुए हैं भाभी को आये। पहले तो तुम अकेले ही थे और फिर पत्र पत्रिकाएं भी तो तुमने उसे खूब पढ़ने को दी हैं।

''लीजिये पढ़ना लिखना बाद में हो जायेगा आप पहले चाय पीजिये।'' राधा ने कहा तो मेरे जी में जी आया। यदि वह न आ जाती तो शायद मैं सभी कुछ कह डालता।

चाय पीने के उपरान्त, ''अच्छा प्रबोध धन्यवाद फिर कभी...'' राजू चलते हुए मुझे झकझोर गया।

मैंने भी साईकिल उठाई और बाहर निकल गया। पता नहीं किस कार्य से और जब लौटा तो सूर्य छुपना चाह रहा था। पक्षी अपने घरों की ओर चल पड़े थे ठीक मेरी ही भाँति।

घर लौटते ही राधा जैसे तत्पर बैठी थी तुरन्त कह उठी, ''सुना आपने, सत्या ने आत्महत्या कर ली है। मैं तो सोचती थी कल्लो से तंग आकर की होगी लेकिन उसका कारण तो कुछ और ही निकला है और इससे पूर्व कि मैं पूछ लेता कि क्या?'' वह कहती गई, ''डॉक्टर ने पेट में तीन मास का बच्चा बताया है पता नहीं किस का पाप लिये थी...देखने में कितनी सज्जन थी। जैसे कोई देवी हो मैंने कितनी बार उसे भोजन कराया था लेकिन मुझे क्या पता था कि...''

राधा चुप हो गई और मेरे मुँह पर हवाईयाँ उड़ने लगी। यदि राजू ने कभी राधा के सामने कह दिया तो क्या होगा? मैं सोच रहा था। कुर्सी पर मैं पसर कर बैठ गया।

"राधा चाय मिलेगी?" मेरे मुँह से निकाल तो उत्तर मिला, "पहले खाना खा लो।"

"नहीं चाय चाहिये।"

"ठीक है फिर देखती हूँ यदि थर्मस बोतल में हुई तो...अरे हाँ है लीजिये।"

मैंने चाय का एक घूँट भरा और गिलास रख दिया। अचानक मेरी दृष्टि उस कागज के टुकड़े पर पड़ी जो राधा ने दफ्तर से आते ही मुझे थमा दिया था। मैंने दूसरी घूँट भरते हुए वह खोली तो कागज काफी बड़ा था। पूर्णतया खोलने पर पता चला किसी का पत्र है हिन्दी में...मैं बड़ी शीघ्रता से पढ़ गया और ज्यों ही अन्तिम शब्द पढ़े मेरे मुँह से चीख निकल गई।

"सत्याऽ ऽ मेरी बहन।"

"क्या हुआ आपको? तबियत तो ठीक है। राधा ने पूछा और फिर पत्र हाथ में देखकर कह उठी क्या है? किसका है?"

"किसी का नहीं राधा...मैं...मेरी बहन सत्या...तुमने मुझे क्यों नहीं बताया?" मेरे मुँह से निकला तो राधा ने क्रोध में भर पास के घड़े से एक गिलास पानी मेरे सिर पर डाल दिया। मैं क्रोध में भर उठा, किन्तु जल ने मुझे कुछ शान्ति प्रदान की तो, "राधा बहुत बुरी है यह कल्लो" मेरे मुँह से निकला।

"आप कुछ बतायेंगे भी या नहीं" राधा ने कुढ़ते एक कहा और पूरा घड़ा पानी का ऊपर डाल देने की धमकी दी। उत्तर में मैंने पत्र पढ़कर सुना दिया।

आदरणीय भाई प्रबोध जी

नमस्ते

मैंने आरम्भ में आपसे प्रेम किया और स्वप्न देखे थे पता नहीं क्या क्या लेकिन जिस दिन मुझे पता चला कि आप विवाहित हैं। मेरा प्रेम स्नेह में बदल गया। मैंने सोचा प्रेम नहीं तो स्नेह तो होना ही चाहिये। मैंने आपको भाई मान लिया था, आपको इसका अभी तक शायद नहीं पता होगा।

मैं एक गरीब पिता की लड़की अपने चाचा का स्नेह पा रही थी किन्तु चाची ने मुझे जितना सताया कहा नहीं जा सकता आप जानते हैं मैं क्या कहूँगी। लेकिन भाई साहब चाची यहीं न रुकी उसे पैसा चाहिए था वह मैं कहाँ से लाती? इसीलिये एक दिन जब मैं सो रही थी मेरा मुँह बाँध दिया गया आँख खुली थी हाथ पैर चारपाई से बँधे थे और एक यक्ष तुल्य...आदमी...मेरे ऊपर...

भाई मैं बोल भी न सकी, कुछ कर भी न सकी। वह बाहर ही निकला था कि दूसरा...और फिर तीसरा।

पति को पत्नी, बेटे को माँ अथवा पिता को बेटी भले ही अपनी सूरत इस दशा के बारे बता दे लेकिन भाई के सामने बहिन को यह कहने से पूर्व या तो प्राण दे देने चाहिये अथवा वह भाई भी नहीं।

और इसका फल यह हुआ कि मैं अब स्वयं भी नहीं जानती कि किसका पाप लिये फिर रही हूँ जब चाची को बताया तो उल्टी मार पड़ी और कहा कि हिन्दी वाले बाबू के नाम लगा दे। भाई मैं अब जा रही हूँ शायद मेरा दोष आपके सिर थोपा जाये अतः यह पत्र आपको लिख रही हूँ भाई जी क्षमा करना मैं आपको सूरत दिखाने योग्य न रही थी।

आपकी अभागिन बहन

सत्या'

■ ■ ■